AUTORES:

DIEGO JESÚS LUQUE PARRA
MARÍA JESÚS LUQUE-ROJAS

DISCAPACIDAD INTELECTUAL:

CONSIDERACIONES PARA SU INTERVENCIÓN PSICOEDUCATIVA

Título:	DISCAPACIDAD INTELECTUAL: CONSIDERACIONES PARA SU INTERVENCIÓN PSICOEDUCATIVA
Autores:	DIEGO JESÚS LUQUE PARRA Y MARÍA JESÚS LUQUE-ROJAS
Editorial:	WANCEULEN EDITORIAL DEPORTIVA, S.L. www.wanceulen.com
ISBN:	978-84-9993-553-9
Dep. Legal:	
©Copyright:	WANCEULEN EDITORIAL DEPORTIVA, S.L.
Primera Edición:	Año 2016
Impreso en España	

Reservados todos los derechos. Queda prohibido reproducir, almacenar en sistemas de recuperación de la información y transmitir parte alguna de esta publicación, cualquiera que sea el medio empleado (electrónico, mecánico, fotocopia, impresión, grabación, etc), sin el permiso de los titulares de los derechos de propiedad intelectual. Cualquier forma de reproducción, distribución, comunicación pública o transformación de esta obra solo puede ser realizada con la autorización de sus titulares, salvo excepción prevista por la ley. Diríjase a CEDRO (Centro Español de Derechos Reprográficos, www.cedro.org) si necesita fotocopiar o escanear algún fragmento de esta obra.

*A los alumnos y alumnas de Psicología y de Ciencias de la Educación, de Logopedia, de Educación Social o de Trabajo Social, así como a todas las personas interesadas en el ámbito de la discapacidad, con el único objetivo de generar una actitud y acciones de inclusión psicosocial y socioeducativa.
De ser así, perseguiríamos que no fuera necesaria una adjetivación de integración o de inclusión, porque el fin de la Educación ya es Inclusión.*

ÍNDICE

Introducción 9

Capítulo 1. Aspectos de reflexión en el desarrollo evolutivo. 13
    1.1. Herencia y ambiente 14
    1.2. Aspectos de desarrollo 17
        1.2.1. Desarrollo psicomotor 17
        1.2.2. Desarrollo lingüístico 20
        1.2.3. Desarrollo cognitivo 22
    1.3. Argumentos para una reflexión sobre el desarrollo en la atención temprana 22
    Algunas cuestiones para la reflexión 24

Capítulo 2. Discapacidad intelectual: Evolución conceptual y criterios de definición. 25
    2.1. Inteligencia: Aspectos para un acuerdo definitorio 26
    2.2. Discapacidad intelectual: breve acercamiento histórico 30
    2.3. Algunos aspectos terminológicos previos 31
    2.4. Evolución conceptual y definitoria (perspectiva de la asociación americana sobre discapacidades intelectual y del desarrollo) 33
    2.5. Criterios para el diagnóstico y la clasificación 39
        2.5.1. Perspectiva de la OMS (CIE-10) 39
        2.5.2. Perspectiva de la APA (DSM) 41
    2.6. Consideraciones generales sobre la evaluación 45

Capítulo 3. Discapacidad Intelectual: Características psicológicas, de salud y educativas. 49
    3.1. Características psicológicas y de salud 49
    3.2. Calidad de vida y discapacidad intelectual 53
    3.3. Discapacidad intelectual y desarrollo educativo 56
        3.3.1. Necesidades educativas especiales 57
        3.3.2. Intervención en las necesidades educativas especiales asociadas a la discapacidad intelectual 58
        3.3.3. Recursos y Apoyos 59
        3.3.4. Áreas de intervención 61

Capítulo 4. Aspectos generales en la evaluación de la discapacidad intelectual. 65

    4.1. Generalidades sobre la estructura y funcionamiento mentales 65

    4.2. Evaluación del funcionamiento cognitivo en la discapacidad intelectual 71

        4.2.1. Escala de Wechsler y discapacidad intelectual 75

            4.2.1.1. La Escala de Wechsler y discapacidad intelectual 76

        4.2.2. Prueba de Raven 78

    4.3. Evaluación de la conducta adaptativa 82

        4.3.1. Aspectos definitorios y conceptuales 82

        4.3.2. Aspectos relevantes de la conducta adaptativa en su diagnóstico 85

        4.3.3. Algunas escalas de medición 87

    Cuestiones para el debate y la reflexión 88

Capítulo 5. Aspectos generales para la intervención en la discapacidad intelectual. 91

    5.1. Intervención en atención temprana 92

        5.1.1. Acercamiento interdisciplinar 92

        5.1.2. Consideraciones sobre la evaluación y planificación de actuaciones 94

        5.1.3. Objetivos de intervención 98

    5.2. Intervención y necesidades específicas de apoyo 99

Apéndices 105

Glosario 107

La Clasificación Internacional del Funcionamiento, de la Discapacidad y de la Salud: Un marco de referencia en la valoración de la discapacidad intelectual 119

Guía de entrevista de ayuda y apoyo a personas con discapacidad 142

Elementos para una estructura de entrevista de ayuda y apoyo a personas con discapacidad 146

Referencias bibliográficas 153

INTRODUCCIÓN.

Si hablar de inteligencia es hacerlo en términos de funcionamiento cognitivo (individual) y de adaptación y funcionamiento en los contextos (socio-cultural), con el termino de discapacidad intelectual se hace referencia a un estado de desarrollo de las capacidades cognitivas, de habilidades en general y de la autonomía personal y social, con menor grado de eficacia o ejecución, en un contexto no accesible o de menor grado de recursos y apoyos. En efecto, la discapacidad intelectual se manifiesta en el comportamiento de la persona, por lo que podría definirse como un estado particular de funcionamiento personal-social, caracterizado por la relación y las limitaciones, tanto de tipo cognitivo como de adaptación, que una persona tiene con los contextos y en las expectativas de su medio ambiente.

De acuerdo con lo anterior, la valoración de la discapacidad intelectual nos indica un agrupamiento de síndromes y trastornos, que se caracterizan por una deficiencia de la inteligencia y limitaciones asociadas en el comportamiento de adaptación. Esa valoración conlleva una expresión en términos de trastornos del desarrollo evolutivo, en la medida que se aprecian desfases respecto a lo que cabría esperar para márgenes de edad, pudiendo concluir en un diagnóstico de trastorno del desarrollo neurológico o del neurodesarrollo. Con todo, estaríamos afirmando la realidad de una persona y su conducta, con un menor grado de eficacia en sus actuaciones personales y de desarrollo social y de relaciones, respecto al resto de individuos de su comunidad.

Ciertamente, su evaluación es de una gran complejidad, que podríamos resumir, de acuerdo a los trabajos de la AAMR (2004), la CIF (OMS, 2001) y la AAIDD (2007), en:

- La existencia de una adecuada relación o integración entre la inteligencia y la adaptación, o si se prefiere, entre la valoración del C. I. y la Conducta Adaptativa.

- La valoración no debe sustentarse sobre el CI y sus niveles de gravedad tradicionales, sino sobre el funcionamiento intelectual (conceptual), práctico y social. No sólo en el diagnóstico, sino en la cuantificación de los apoyos.

- Análisis de las relaciones y el marco de vida de la persona con limitaciones. Valorar su ambiente, en orden a un desarrollo de la participación e interacción sociales, así como mantener roles sociales, como conjunto de actividades propias o normales para edad y circunstancia.

- Considerar la salud (estado de bienestar biopsicosocial), como conjunto de condiciones que tienen su influencia, positiva o negativa, en el funcionamiento de la persona con retraso.

En suma, una persona con discapacidad intelectual, se puede caracterizar por limitaciones en su capacidad de funcionamiento (*funciones y estructuras corporales*), en habilidades para ese funcionamiento (*limitaciones en la actividad*) y en la oportunidad de funcionar (*restricciones a la participación*) (CIF-OMS, 2001). En consecuencia, la discapacidad en general y la intelectual en particular, queda delimitada por la integración de factores personales y contextuales y la necesidad de apoyos que precisa.

Trasladado a ámbitos de desarrollo (psicosocial, educativo, de salud, familiar,...) cualquier intervención debe realizarse sobre las potencialidades cognitivas y de desarrollo de habilidades y estrategias intelectuales y de aprendizaje. En este sentido, la evaluación psicológica y pedagógica deberá contemplar, al menos, los aspectos de: a) Capacidades intelectuales y desarrollo cognitivo en general; b) Conducta adaptativa, aspectos socioeducativos y de contexto; c) Desarrollo curricular y de aprendizajes. Todo ello, con interés de justicia social y de esperanzas en un desarrollo de la persona evaluada, ya que en ésta ha de perseguirse un proyecto de vida, objetivos con los que crecer como persona y ciudadano, y no como el alumno que no puede, al que hay que tratar distintivamente, con el apartamiento curricular que, implícitamente, conllevan los estigmas negativos del diagnóstico (Luque, 2007; 2010).

En todos esos ámbitos, cualquier diagnóstico, tiene su importancia en la medida que, como entidad nosológica, sirve para situar y precisar el caso, a la vez que permite una información compartida entre los profesionales y las familias. Pero, también, debe contrarrestarse el riesgo de *"etiquetaje"* innecesario que, lejos de contribuir a la normalización, acrecienta los efectos negativos del estigma del trastorno o de la discapacidad intelectual. Por lo tanto, las evaluaciones psicoeducativa y pedagógica del alumnado con necesidades específicas de apoyo educativo, y la del alumnado con discapacidad intelectual en particular, debe hacerse sobre un análisis profundo y riguroso de sus características personales y de contexto, de sus necesidades educativas y de las propuestas de intervención. Sólo cuando tengamos el convencimiento de que esta evaluación ha sido realizada en forma y contenidos, y ajustándose a los criterios clínicos y educativos, podremos afirmarnos en un diagnóstico, resultado siempre de la observación y de la reflexión, o si se prefiere, de la ciencia y de la conciencia; de esta forma, el margen de error será minimizado y servirá sólo para lo que es: designar, nombrar y clasificar una situación de persona – contexto, sobre la que sólo queda construir su desarrollo educativo (Luque y Luque-Rojas, 2015).

En este texto, dirigido a estudiantes y estudiosos, preocupados por el desarrollo de las personas con discapacidad intelectual, se pretenderían objetivos y competencias sobre ese estudio:

- Identificar a la persona desde la sensibilidad de la discapacidad, no absoluta, no invariable, con esperanza y expectativas de cambio y progreso.

- Reconocer la discapacidad intelectual sin anclaje en la deficiencia, sino centrada en conductas funcionales y factores contextuales. De esta forma se aprecian la potencialidad y las características de la persona, con perspectivas de crecimiento y desarrollo.

- Distinguir las características que pueden presentar las personas con discapacidad intelectual, no como un conjunto diferencial y distintivo, sino como objeto de soluciones a las que tratar de responder.

- Desde el punto de vista de la intervención, convertir las características y resultados de la evaluación en necesidades específicas de apoyo, con lo que cualquier programa de intervención estará elaborado sobre bases seguras.

- Contribuir a generar y mantener una sociedad y comunidad, responsable de crear un entorno accesible que permita a la persona con discapacidad en general el desarrollo y su participación plena de las diferentes facetas de la vida en sociedad.

El texto se estructura en cinco capítulos que, desde uno introductorio sobre aspectos generales de desarrollo y un segundo sobre la evolución conceptual y criterios de definición, se continúa en el tercero con un análisis de las características psicológicas, de salud y educativas. Los capítulos cuarto y quinto se refieren, respectivamente a aspectos generales sobre la evaluación y la intervención. Finalmente, unos Apéndices tratan algunos aspectos de aplicación, así como de su referencia en la Clasificación Internacional del Funcionamiento, de la Discapacidad y de la Salud.

CAPÍTULO 1.
ASPECTOS DE REFLEXIÓN EN EL DESARROLLO EVOLUTIVO.

Cualquier ser humano, cualquier persona, cualquier niño o niña, nace para el desarrollo, término que ha de entenderse no sólo desde la ejercitación y puesta a punto de capacidades, sino a través del aprendizaje y en su relación con su contexto físico y social. Esto es, el desarrollo de toda persona parte de un binomio herencia – medio, interactivo e integrador, lejos de su consideración clásica de extremos antitéticos, excluyentes y de superioridad del primero sobre el segundo. Desde un modelo contextual – dialéctico (cuadro 1), el desarrollo es un continuo devenir de acciones y transformaciones, en su relación con los cambios situacionales más inmediatos y con los cambios individuales y culturales, que se producen a medio y largo plazo.

Modelo contextual – dialéctico del desarrollo.
- El cambio y la transformación son constitutivos de la realidad y de los seres vivos.
- El cambio explica, tanto el sistema estable, como cada uno de los parámetros y su evolución.
- El cambio se produce a lo largo de todas las etapas de la vida, con factores determinantes en cada una de ellas.
- El cambio estará condicionado por factores biológicos y psicológicos en primeras etapas, y en sociales y contextuales en las siguientes (continuum).
- El cambio es resultado de un proceso en el que los aspectos y conductas son interdependientes.
- El cambio evolutivo implica reciprocidad entre factores de desarrollo, todo ello en la esfera biopsicosocial y cultural – histórico.
- El cambio no se dirige hacia una meta final prefijada, sino que se orienta hacia una pluralidad de direcciones y soluciones, de acuerdo a como se resuelven las crisis y contradicciones que se presentan a lo largo del curso individual.

Cuadro 1. Características definitorias del modelo contextual-dialéctico del desarrollo.

Por desarrollo se entiende la progresiva adquisición y ejercitación de funciones, como el tono y control posturales, autonomía de desplazamiento, comunicación y lenguaje e interacción social. Evolución que es paralela a la maduración del sistema nervioso, y a la estructuración y organización de lo emocional y mental, de ahí que sea obvia la existencia de una estructura genética que fundamenta los niveles biológico y psíquico. Por lo tanto, el desarrollo infantil es proceso y producto de la interacción entre factores genéticos y factores ambientales.

1. 1. HERENCIA Y AMBIENTE.

Es antigua la polémica sobre qué papel es más determinante en el desarrollo, si la herencia o el ambiente. Polémica que por incidir en sus extremos ha sido estéril, además de negativa para el crecimiento personal y más aún en las personas con discapacidad. Por fortuna, esas, ya antiguas, concepciones dan paso a un análisis de mayor interés al centrarse en términos menos exclusivistas y más integradores. Desde un enfoque etológico, tiene poco sentido la distinción entre lo innato y lo adquirido, en tanto en cuanto lo que es innato en los niños actuales, lo es porque resultó adquirido en algún momento de la filogénesis, siendo esa adquisición tan importante que acabó quedando grabada en los genes de la especie (Palacios, 1990). De igual forma, lo que para un sujeto es adquirido, lo es tanto porque dispone de instrumentos innatos para realizar esa adquisición. Veamos con mayor detenimiento esa mutua influencia y efectos en el desarrollo.

Respecto a la herencia (cuadro 2), de acuerdo con Palacios (1990), se puede hacer una distinción entre códigos cerrados y abiertos del código genético.

Contenidos del código genético	
Cerrados	*Abiertos*
- No son alterables por la experiencia individual. - Definen a la especie. - Pueden darse alteraciones, en la especie, como consecuencia de largos procesos filogenéticos. - Determinan características morfológicas y un calendario madurativo.	- Contenidos más abiertos y con posibilidades de adquisición y cambio. - Definen a los individuos y aprendizajes. - Sobre lo cerrado del código, permiten posibilidades de cambio, son potencialidades. - Generan aspectos de desarrollo personal y social.

Cuadro 2. Códigos de acuerdo a la herencia genética.

Dado que la herencia prescribe rígidamente cómo debe ser el organismo, y sus aspectos de proceso, cambio y función, el código genético humano asegura que todos los miembros de la especie compartan las mismas características biológicas definitorias. Pero, desde un punto de vista ontogenético, el código es un elemento de transmisión y portable, que no recibe lecciones o memoria de experiencias, es un programa (genético) que, por un lado, es cerrado, de expresión estrictamente fijada, y por otro, abierto, dando libertad al individuo en su respuesta.

Ese programa prescribe una rigidez en las estructuras, funciones y atributos, pero también determina potencialidades, en suma, dispone y propone, impone y permite. Dependiendo de la complejidad de los organismos, la herencia y su peso, se atenúa en un orden desde lo rígidamente fijado y cerrado, hacia lo abierto y de posibilidades con la interacción con el medio. Cuanto más complejo es un organismo, mayor es la plasticidad de la conducta y mayores sus posibilidades de variación individual. El lenguaje es una buena prueba de ello. Todos los seres humanos nacen con la posibilidad de aprender a hablar, pero qué lengua, qué entonación, o qué riqueza o fluidez,..., la herencia no influye. Si ésta aporta la capacidad, es en un medio y desde una interacción individuo - contexto (lingüístico), en el que se desenvuelven, lo que aportará un desarrollo, una realidad de esa capacidad. Podemos concluir que sólo habrá desarrollo, cuando se dé una integración recíproca entre capacidad y maduración, contexto y estimulación.

Los procesos psicológicos están posibilitados por el código genético (que nos define como miembros de la especie), limitados por el calendario madurativo que condiciona el momento o posibilidad de adquisiciones o cambios, y determinados en su concreción por la interacción persona – contexto. En este análisis el concepto de canalización es importante. Los seres humanos son más semejantes cuantos más pequeños son. Así, los bebés son muy semejantes en su desarrollo psicológico de unas culturas a otras, pero las diferencias se hacen ostensibles a medida que nos alejamos de la primera infancia, siendo la cultura la que las acrecienta. De acuerdo a esto, retomando lo cerrado y abierto del código genético, podría decirse que los primero tramos del desarrollo están más cerrados que los posteriores, al menos en lo que respecta al calendario madurativo.

Siguiendo a McCall (1981) y Palacios (1990) una lógica filogenética se impondría, la supervivencia de la especie se asegura con unos mínimos evolutivos a todos sus miembros, en una época de la vida de mayor dependencia e indefensión, los bebés adquirirán niveles de desarrollo a poco que el medio les aporte una mínima estimulación. De esta forma, el desarrollo temprano está fuertemente canalizado, los procesos madurativos (determinados por contenidos cerrados) hacen aparecer capacidades que, en su contacto con un medio estimulante, se materializan en desarrollo. Esto no quiere decir que el desarrollo temprano sea inmune a la estimulación, sino que la garantía mínima de desarrollo por mínimos estímulos se refiere a los primeros meses de vida y que afectan al calendario básico del desarrollo. Así, un niño o niña normal que crece en un ámbito de mínima estimulación lingüística, está en condiciones de pronunciar sus primeras palabras, en torno al primer año, pero no el contenido de ese lenguaje que, al no estar canalizado, va a estar más condicionado por el ambiente. De forma análoga puede hablarse del desarrollo psicomotor, el apego, funciones mentales, autonomía,...

De acuerdo a todo lo anterior, en la adquisición y desarrollo de cualquier aspecto psicológico, la educación es fundamental desde el principio de la vida del niño. Educación que será también la responsable de las diferencias entre individuos, como propias de la diversidad de la riqueza estimular existente en el entorno. El desarrollo psíquico no está prefigurado (en su dotación hereditaria), sino que es un proceso y resultado de la interacción, de las mutuas relaciones entre las posibilidades, abiertas por esa dotación y los acontecimientos, objetos, personas y relaciones, con los que entra en contacto a lo largo de su vida. Consecuentemente, los acontecimientos previos influyen sobre los posteriores lógicamente, pero ello no quiere decir que la influencia sea irreversible, y que deba hacerse dentro de márgenes temporales precisos. En suma, la herencia y medio, lo innato y lo adquirido, tienen unas relaciones de carácter complementario y con diferentes pesos, según los aspectos y momentos evolutivos de que se traten.

1. 2. ASPECTOS DE DESARROLLO.

Todas las personas nacen con una estructura de reflejos (succión, hociqueo, aferramiento o *grasping*, lloro o andar automático), sobre la que se organizan los mecanismos de respuesta estimulares, siendo la base psicobiológica para el conocimiento y la relación con el medio. Algunos de estos reflejos desaparecen entre el 3º y 6º mes, como asociación al crecimiento y la madurez del cerebro (teleencefalización).

¿Cuáles son los aspectos de desarrollo? Podemos agruparlos en cuatro grandes funciones o niveles de desarrollo, asociados a la evolución de los procesos de maduración del sistema nervioso: Desarrollo psicomotor, capacidad intelectual, comunicación y lenguaje e interacción social.

1.2. 1. Desarrollo psicomotor.

El desarrollo psicomotor es un concepto amplio, que básicamente, conjuga las relaciones psiquismo y movimiento, esto es, un constructo en el que se enmarcan los elementos de esquema corporal, tono y maduración musculares, lateralidad, gesticulación, coordinación motora, percepción y orientación espacio-temporal. Conjunto integrado en el que se adquiere y progresa hacia la madurez necesaria, o nivel de optimización.

El tono y maduración musculares, exigen un desarrollo desde la sedestación, gateo y marcha, hasta la coordinación de movimientos, precisión de las extremidades y de la mano en concreto y del desarrollo perceptivo-motriz, existiendo un importante paralelismo entre el desarrollo de la motricidad en general y el de la prensión manual en particular. Hay un progresivo dominio del control corporal, control que puede explicarse de acuerdo a las dos leyes fundamentales formuladas por Coghill (1929) (cuadro 3).

Leyes del desarrollo	
Céfalo – Caudal	*Próximo – Distal*
El desarrollo motor y la maduración del sistema nervioso, sigue una dirección centrífuga al cuerpo, esto es, se controlan antes las partes del cuerpo, más próximas a la cabeza, extendiéndose ese control hacia las extremidades. Control de cuello antes que los músculos del tronco, el de los brazos antes que las piernas…	Se controlan antes las partes que están más cerca del eje corporal, que aquellas otras más alejadas del mismo. Así se tendría el control del hombro, del codo después, para más tarde el de la muñeca y finalmente, en los dedos.

Cuadro 3. *Leyes del desarrollo.*

Estas leyes explican como el movimiento del niño va integrando y controlando voluntariamente su repertorio muscular (cuadro 4), incorporando repertorios psicomotores más especializados y complejos, que abren nuevas perspectivas a la percepción y a la acción sobre el entorno. Procesos madurativos que se denominan psicomotricidad gruesa (coordinación de grandes grupos musculares implicados en el tono y control postural, equilibrio y locomoción) y psicomotricidad fina (coordinación de praxias y habilidades específicas). Un ejemplo puede ser el de la grafomotricidad se inicia a los 16-18 meses con trazos homolaterales, respecto al eje de simetría del propio cuerpo. A los 20 meses, se dan barridos de derecha a izquierda o movimientos de ida y vuelta, para continuar con trazos circulares y de mayor complejidad que, entre los 4 ó 5 años, el círculo, cuadrado-rectángulo.

Fases en la prensión manual
3 meses. Localización visual e intentos de aproximación con las manos, aunque con incapacidad de asir el objeto.
4 meses. Aproximación al objeto que coge de forma rudimentaria. Uso preferente de la articulación del hombro.
7 meses. Progreso de esa aproximación, con la articulación del codo.
8 meses. Se inicia la pinza inferior del dedo pulgar sujetando el objeto contra la falange última del dedo índice. Esta pinza dará lugar, posteriormente a la pinza superior, que soporta el objeto con la yema de los dedos índice y pulgar.
13-14 meses. Se interiorizan praxias tales como sujetar el asa de una taza, manejo de cuchara, etc.
Comienzo del 3º año. Inicio del manejo del lápiz.

Cuadro 4. Desarrollo psicomotor.

La lateralidad tiene su importancia como expresión del desarrollo hemisférico cerebral. Dentro del estudio de las asimetrías cerebrales, la lateralidad sería el reflejo de la dominancia cerebral, siendo aquélla la expresión visible o conductual de ésta. Las vías motoras y somestésicas, se encuentran cruzadas en la persona, de tal forma que los movimientos de un lado del cuerpo están regulados por el córtex del hemisferio contralateral. Esto es, la predominancia lateral consistiría en la utilización preferente de una mano, ojo y pié, ya sea el derecho o el izquierdo, siendo el cerebro el que desempeña un papel importante en el proceso de fortalecer la ejecución de un lado del cuerpo con respecto al otro.

Si lo perceptivo - auditivo corre paralelo al lenguaje, en torno a los 2 años, la visión está preparada para controlar el gesto gráfico, aunque en el plano, el niño frena o sitúa su gráfico en una dirección. En los 3 años se produce una doble rotación y en los 4 años la mejor rotación, traslación y la anticipación visual.

La percepción del espacio y tiempo (figura 1) del niño se adquieren con relación al propio cuerpo y su experiencia del mismo. Así al *yo-espacial* (delante-detrás), se le asociará el *yo-presente* (antes-después), como aspectos de permanencia, presencia y situación del sujeto.

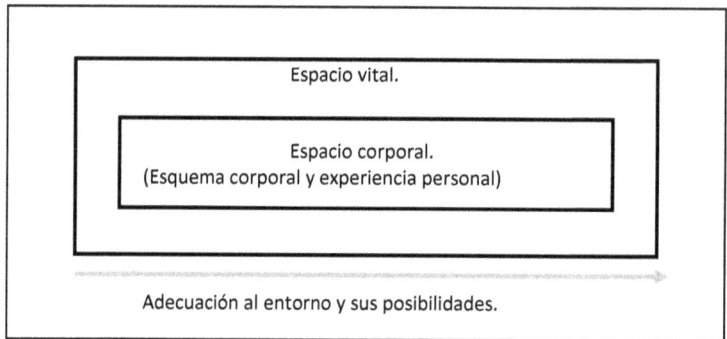

Figura 1. *Percepción espacio-tiempo en el desarrollo del niño.*

El niño o niña, vivencia el espacio de acuerdo a su persona, esto es, con relación a su esquema corporal y experiencia personal, valora su ubicación en el espacio y se adecúa a él. Se deduce que son de vital importancia en ese desarrollo el estado de los campos visual, auditivo y táctil, así como de las posibilidades motrices del niño, a fin de establecer las relaciones espaciales y temporales consigo mismo y con su entorno.

Finalmente, en lo atencional y representativo, el niño hasta los 5 ó 6 años, avanza en la expresión de lo representado, tanto en lo verbal como en lo gestual. El niño o niña se encuentra en un período de preaprendizaje, momento de su desarrollo personal en el que sus requisitos psicobiológicos, tienen un cierto nivel para incidir sobre ellos, favorecer su progreso y aumentar o mejorar las habilidades y el desarrollo de sus capacidades.

1.2.2. Desarrollo lingüístico.

El lenguaje como capacidad de comunicación personal y de desarrollo cognitivo, implica la codificación, descodificación, procesamiento y elaboración cognitivos, comprensión de sonidos, palabras…, desarrollo que es básico para la adquisición de la lectura y posterior escritura. No trataremos de profundizar en el lenguaje, sino en la valoración de sus aspectos y estadios de su desarrollo, sobre los que situar factores de maduración.

- **De los 9 a 12 meses.** Tras una disminución del balbuceo, considerado como sonidos sin más significación que la de evolución fonatorio-articulatoria, se desarrolla la evocación de personas familiares, en respuesta con sonidos simples a su llamada. Se reorganiza el conjunto de elementos fonatorios, articulatorios con lo auditivo, favoreciéndose el *lenguaje interior* o conceptual, en su mayor parte no verbal. Se incrementa la comprensión lingüística en su entorno, con la imitación de sonidos que darán lugar a palabras, de aquí que, en torno a los 12 meses, se inicie un vocabulario con palabras para nombrar aspectos exclusivamente familiares o de personas.

- **De los 12 meses a los 2 años y medio.** Tras la reorganización *articular-auditiva*, el sistema lingüístico se orienta hacia lo *auditivo-expresivo*. Al mayor grado de respuesta y atención a los adultos, la percepción auditiva y su elaboración, tienen un mayor grado de desarrollo para la adquisición y manejo de palabras. Se inicia la expresión emocional, asociada a algunos sonidos (significativos o no), aprendidos de sus padres o sonidos al azar. Esta relación emocional del niño con sus padres es básica para la evolución del la comunicación verbal. En este período el niño puede comenzar a percibir algún tipo de relación simbólica entre las palabras y el mundo, a través de esfuerzos de expresión.

- **De los 2 años y medio a los 6.** El desarrollo auditivo-expresivo adquiere un nivel cualitativo superior al período anterior, con un incremento del lenguaje oral y el vocabulario que puede situarse en torno a las 3000 palabras. La expresión lingüística está basada en una clara evolución del *procesamiento interno* conceptual, en un progreso *auditivo-visual*. Aunque iniciada a finales del período anterior, la función simbólica de las palabras, se operativiza en el reconocimiento y espontaneidad, ganando en cantidad y calidad representativa.

- **De 6 años en adelante.** Los aprendizajes de la lectura y escritura, suponen la continuación para su enriquecimiento cognitivo y psicolingüístico, además de su importancia como instrumento académico y de comunicación personal y social.

1.2.3. Desarrollo cognitivo.

Mientras que en edades superiores pueden analizarse las funciones mentales (atención, percepción y memoria) por separado, en edades tempranas, los procesos cognitivos básicos, o capacidades de procesamiento de la información, suele hacerse en torno a los procesos perceptivos (visual y auditivos fundamentalmente).

La percepción es el proceso que relaciona el organismo con su entorno, a través de aspectos determinados por el código genético y por la historia de aprendizajes. Tanto la visión (agudeza visual desde los 3-4 meses en valores similares al adulto; percepción de profundidad, 5-6 meses; percepción de la exploración del entorno, 1-2 meses;...) como la audición (reacción en función de la intensidad, tono y timbre, ya desde la vida intrauterina; conductas de localización auditivas o de discriminación de voces, desde los primeros días;...) y, en menor medida, el resto de los sentidos, desde su coordinación intersensorial, transmiten la información desde la estimulación multimodal, haciéndonos ver una percepción intermodal.

1.3. ARGUMENTOS PARA UNA REFLEXIÓN SOBRE EL DESARROLLO EN LA ATENCIÓN TEMPRANA.

En los párrafos anteriores se ha expresado el desarrollo evolutivo desde una perspectiva individual, esto es, una visión tradicional centrada en el niño o niña en su maduración y crecimiento. Esta visión es meramente descriptiva, general y homogeneizadora ("normodesarrollo"), no explicativa de las influencias de contextos y situaciones, echándose en falta una perspectiva ecológica que resalte la importancia de estudiar el desarrollo de acuerdo a contextos y situaciones, quedando ese desarrollo en una interacción biosocial (interacción persona – contexto).

De acuerdo con Sameroff y Fiese (2000), Pérez-López (2004) y Candell (2005), desde un modelo transaccional, el desarrollo del niño podría apreciarse desde la capacidad de respuesta social del ambiente y la naturaleza interactiva del intercambio niño-medio ambiente. Por consiguiente, el crecimiento y evolución del niño serían el resultado de la integración de acciones hacia el medio, y de las reacciones desde el medio. Este modelo considera la naturaleza recíproca, bidireccional, del marco cuidador-niño y, en especial, la interacción padres-hijo y, además, tiene en cuenta el intercambio continuo y dinámico que se da en los dos participantes cuando interaccionan uno con otro. Por lo tanto, las experiencias del medio no son valoradas como independientes del niño, su rendimiento evolutivo no puede ser descrito sistemáticamente sin un análisis de los efectos del medio sobre el niño.

¿Y qué pensar en los niños y niñas que ya tienen alguna limitación o dificultades en su desarrollo? ¿Cómo se explica en términos de crecimiento del niño, de sus necesidades y de respuesta? ¿Qué perspectiva se asume y qué modelo de intervención se adopta para la obtención de objetivos de desarrollo, con un rendimiento evolutivo óptimo?

A fin de favorecer el análisis y la reflexión sobre esos aspectos en un ámbito de Atención Temprana (AT), en ese rendimiento coincidiríamos con Candell (2015), en que las principales consecuencias de la aplicación de este modelo al campo de la AT, serían:

a) La díada padres-niño debe ser el objetivo de la intervención domiciliaria;

b) Los niños y niñas aprenden y se desarrollan mediante intercambios positivos y recíprocos con el ambiente, sobre todo con los padres;

c) Los padres o los cuidadores, son las figuras más importantes en el ambiente del niño;

d) La infancia es el mejor momento para iniciar la intervención con los niños deficientes y con los niños de riesgo biológico o ambiental y con sus padres, dentro de un contexto familiar.

De acuerdo a todo lo expresado anteriormente, puede afirmarse que cualquier actuación en la Atención Temprana, debe apreciarse desde el marco persona – situación. Ello nos lleva a pensar en la importancia de la actividad interdisciplinar (diversas áreas, diversos servicios para abarcar las necesidades de los niños) y en el desarrollo de programas de intervención temprana en el contexto familiar.

ALGUNAS CUESTIONES PARA LA REFLEXIÓN.

- Sin desdeñar los aspectos positivos que el modelo biomédico de desarrollo ha generado en el estudio evolutivo del niño, es obvio que no es exclusivo, ni suficiente, habiendo tenido demasiado protagonismo en el análisis y tratamiento de los cuidados y respuestas al niño con dificultades en su desarrollo. ¿No es momento de abandonar esos protagonismos, a fin de conseguir que una atención integral en la comunidad, consiga que la familia sea un agente de igualdad y complementariedad con los profesionales?

- ¿Qué puede hacerse para mejorar el trabajo interdisciplinar? ¿No está en esta interdisciplinariedad la base para explicar el avance del desarrollo del niño y el trabajo de los padres con ellos?

- Hablamos de interdisciplinariedad o de trabajo multidisciplinar?

CAPÍTULO 2.

DISCAPACIDAD INTELECTUAL: EVOLUCIÓN CONCEPTUAL Y CRITERIOS DE DEFINICIÓN.

Por inteligencia podemos entender, de forma general, una capacidad o estructura organizada de funciones y habilidades del individuo, en interacción recíproca con su contexto socio-cultural. Aceptando esta base para un acercamiento definitorio, desde un punto de vista social, podría considerarse como conjunto de atributos transituacionales, que las personas comparten y llevan consigo en diversas situaciones (Scarr y Carter-Saltzman, 1982). En consonancia con esto, debería también aceptarse el término inteligencia, para una capacidad individual que se centra en torno a habilidades de razonamiento, conocimiento de la propia cultura y la capacidad para soluciones nuevas a situaciones o problemas.

Desde un punto de vista individual y evolutivo, expresaríamos, de acuerdo con Jerison (1982), que la inteligencia supone una integración de procesos y resultados conductuales, con relación a la capacidad neural de procesamiento de la información del individuo y de las adaptaciones al contexto sociocultural. En este sentido, la inteligencia reflejaría, tanto el conocimiento de la realidad, como el de su propia estructura organizada para el procesamiento de la información. Desde esta visión, individualmente considerada, la inteligencia es un conjunto organizado de funciones de procesamiento de la información (independiente del contenido de la información procesada), o si se prefiere la capacidad dinámica e interactiva que toma la información (contenidos), los procesa (relaciona y elabora) y produce, en función de la situación. Paralelamente, a un nivel sociocultural, la inteligencia supone una competencia en el análisis de la realidad y de sí mismo, en las soluciones a las circunstancias planteadas en el contexto vital.

Hablar pues de inteligencia es hacerlo en términos de funcionamiento cognitivo (individual) y de adaptación y funcionamiento en los contextos (socio-cultural). De esta forma, las diferencias humanas en esta capacidad, dependerán tanto de las diferencias funcionales en los genotipos, como en los entornos que provocan considerables variaciones en los fenotipos (Scarr, 1978), haciéndose obvia la diversidad de la inteligencia, tanto en su distribución genética o individual, como en lo ambiental y social.

Inteligencia es entendimiento, comprensión o conocimiento, pero también conciencia de sí mismo, pensamiento, sentimientos, recuerdos, imaginación, intencionalidad y voluntad, y todo ello en íntima unión a un funcionamiento cerebral. En este sentido, el cerebro no es un homúnculo que guía al hombre, sino un asiento de las funciones mentales en redes neuronales de conexión, con un carácter moldeable por la experiencia y el aprendizaje, propios de la cultura. Argumento desde el que la inteligencia, no se aparta del término mente, entendida como potencia y conciencia del ser humano.

2. 1. INTELIGENCIA: ASPECTOS PARA UN ACUERDO DEFINITORIO.

En este acercamiento definitorio, puede sernos de utilidad apreciar las diferencias que, en cuanto a sus concepciones de la inteligencia, tienen las personas según sean expertas o profanas. Para los expertos, como señalan Sternberg y Powel (1987) y Beltrán y Pérez (2011), se tendrían concepciones sobre el alcance de la conducta inteligente y su carácter, buscándose elementos básicos explicativos. El estudio más famoso de los pronunciamientos de los expertos y sus definiciones sobre la inteligencia, es el realizado por el *Journal of Education al Psychology* (Intelligence and its Measurement, 1921). En esta revista, catorce autores dieron su opinión sobre el carácter de la inteligencia, centrándose en términos de capacidad, ajuste, adaptación o aprendizaje (cuadro 1).

¿Qué entendemos por Inteligencia?
- El poder dar buenas respuestas desde el punto de vista de la verdad o el hecho *(E. L. Thorndike)*.
- La capacidad de pasar a un pensamiento abstracto. *(L. M. Terman)*.
- Haber aprendido o tener capacidad para aprender a adaptarse al entorno. *(S. S. Colvin)*.
- La capacidad de adaptarse adecuadamente en la vida a situaciones relativamente nuevas *(R. Pintner)*.
- La capacidad para el conocimiento y poseer conocimiento *(V. A. C. Henmon)*.
- Un mecanismo biológico a través del cual los efectos de una complejidad de estímulos se reúnen y proporcionan un efecto algo unificado en la conducta *(J. Peterson)*.
- La capacidad para inhibir un ajuste instintivo, la capacidad para redefinir el ajuste instintivo inhibido a la luz de los ensayos y errores experimentados en la imaginación, y la capacidad voluntaria para realizar el ajuste instintivo modificado en una conducta abierta a la ventaja del individuo como un animal social *(L. L. Thurnstone)*.
- La capacidad para adquirir capacidad *(H. Woodrow)*.
- La capacidad para aprender o para aprovechar la experiencia *(W. F. Dearborn)*.

Cuadro 1. *Algunas definiciones de Inteligencia (Journal of EducationalPsychology, 1921).*

Desde esa fecha han continuado aportándose definiciones sobre la inteligencia, todas ellas con elementos comunes. En esta línea, Sternberg et al. (1986), elaboraron una lista de conductas que eran descritas como *"inteligentes", "académicamente inteligentes"* o *"cotidianamente inteligentes"*, por profanos, que habían cumplimentado un breve cuestionario semiabierto, en una estación ferroviaria, en un supermercado o en una biblioteca universitaria. Esta lista de conductas ya completada, fue enviada a expertos en el campo de la inteligencia (investigadores y profesores de universidad), a los que se les pidió que valoraran de qué modo, cada conducta, es característica de una persona idealmente *inteligente, académicamente inteligente o cotidianamente inteligente*, o cuál es la importancia de cada conducta, a la hora de definir su concepción sobre esas categorías.

Las valoraciones de 65 expertos fueron tratadas a través del análisis factorial, obteniéndose tres factores principales, pudiendo considerarse éstos, como una especificación de teoría implícita, del alcance potencial de las teorías explícitas de la inteligencia (cuadro 2).

1º Inteligencia Verbal	2º Solución de Problemas	3º Inteligencia Práctica
Elevada carga de conductas como: *"Buen vocabulario"; "tiene una elevada comprensión lectora"; "tiene fluidez verbal"; "habla con facilidad sobre diversos temas"*...	Elevada carga de conductas como: *"Capaz de aplicar el conocimiento a los problemas que se presentan"; "toma buenas decisiones" "plantea problemas de un modo óptimo"; "planifica de antemano".*	Elevada carga de conductas como: *"Valora bien las situaciones"; "determina cómo alcanzar sus objetivos"; "se interesa por el mundo"*

Cuadro 2. *Tres factores principales (Sternberg, Conway, Ketron y Bernstein, 1981).*

Estos resultados del análisis factorial de los puntos de vista de los expertos, aportan los elementos comunes de sus concepciones y, por tanto, proporcionan un nivel de validación consensuada, que no puede alcanzar ninguna teoría explícita. Ello no quiere decir que esos elementos de consenso, deban de ser los elementos principales o secundarios de la inteligencia, sino que conforman un conglomerado de puntos de acuerdo, sobre los que continuar investigando.

Para los profanos las concepciones de la inteligencia son muy parecidas a las de los expertos, teniendo en cuenta que es un concepto cultural y, por lo tanto, se pueden compartir los puntos de vista para concretar el alcance de una teoría de la inteligencia. En el estudio de Sternberg et al (1981), se constató que las valoraciones de la caracterización de ambos (expertos y profanos), correlacionaban al 0,96 y las valoraciones importantes, lo hacían al 0,85. De esta forma, los dos grupos parecen estar de acuerdo en qué conductas son altamente inteligentes, o claramente representativas para la definición de una persona prototípicamente inteligente. De igual forma, también encuentran diferencias entre ellas, según su ámbito de ocupación, de forma que las conductas de personas en una biblioteca o escuela, pueden enmarcarse en una categoría de elementos comunes, la de académicamente inteligente, así como otras podrían serlo en lo teórico, la vida diaria,..., dando lugar a conceptualizaciones de inteligencia académica, científica, cotidiana, social, práctica...

Como se ha señalado anteriormente, el objetivo de definir la inteligencia es continuo. Sternberg y Detterman (1986) y Sternberg y Berg (1986), recogieron la opinión de veinticuatro expertos en el campo de la inteligencia, invitados a definirla, de lo que se pasó a compararlas con las del grupo de 1921. En un resumen de sus semejanzas y diferencias, de acuerdo al trabajo de Beltrán y Pérez (2011), puede apreciarse:

- Un acuerdo general respecto a la naturaleza de la inteligencia. La correlación entre frecuencias de conductas señaladas era de 0,50, indicando un moderado solapamiento en las concepciones entre las respuestas de ambos grupos. Ideas como adaptación al ambiente, procesos mentales básicos y pensamiento de orden superior (solución de problemas, razonamiento, toma de decisiones), se destacaban entre los participantes.

- Algunos temas eran relevantes entre los dos grupos de expertos. Así, problemas sobre una o varias inteligencias, la amplitud o restricción en las definiciones (elementos biológicos o cognitivos),...

- Diferencias notables como la aparición de la metacognición en los expertos de 1986, que no se mencionaba en los de 1921, como tampoco lo habían sido los temas de contexto o cultura, en el desarrollo de la inteligencia.

Lejos de interpretar la diversidad de definiciones como falta de acuerdo y, procurando dar a entender una idea clara de lo que es la inteligencia, Snyderman y Rothman (1988) estudiaron las respuestas de más de seiscientos expertos en psicología, con unos resultados en los que podía resaltarse que un 99,3%, estaba de acuerdo respecto a la inteligencia, en la importancia del pensamiento abstracto y del razonamiento; el 97,7% en la capacidad para resolver problemas y el 96%

en la capacidad para adquirir conocimiento. Con ello se descarta la idea de desacuerdo entre los expertos, reforzando lo que desde el sentido común se entendería por inteligente, a aquella persona que puede razonar, pensar en términos abstractos, resolver problemas y aprender (Beltrán y Pérez, 2011).

2. 2.DISCAPACIDAD INTELECTUAL: BREVE ACERCAMIENTO HISTÓRICO.

La evolución conceptual del término discapacidad intelectual desde el de *retraso mental*, expresa parte de la historia de las personas con esta limitación - funcionalidad y sus valoraciones sociales. Aunque el término parezca simple, en el sentido que significa menor desempeño o menor nivel de un supuesto normal desarrollo cognitivo, el análisis de las definiciones que han ido dándose a lo largo del tiempo, nos aporta un mejor conocimiento del trastorno, estado o limitaciones que tienen estas personas.

Sin entrar en antecedentes remotos que serán propios de una historia de las personas con discapacidad intelectual (Luque, en preparación), y para no remontarnos muy lejos en el tiempo, podríamos comenzar diciendo que, hasta fines del siglo XVIII y bien entrado el XIX, no hay diferencias entre las personas con discapacidad intelectual y otros individuos con alteraciones o trastornos mentales. El retraso es considerado como una variante de la demencia y en asociación o de origen orgánico o innato. Desde el siglo XIX[1], comienza el apartamiento de otras patologías, apreciando cierta independencia para el retraso mental y produciéndose un incremento de estudios, apoyos y la valoración de esta discapacidad, aunque sin perder aún la concepción médica o de enfermedad. Se inicia el desarrollo de intentos educativos y terapéuticos, siendo la experiencia de Jean Itard, con sus técnicas para educar y socializar al *niño salvaje de Aveyron*, una de las primeras en demostrar

---

[1] Ya Esquirol en 1818, plantea por primera vez la definición de idiota, diferenciándola de la demencia y de la confusión mental; caracterizando al retraso mental por un déficit intelectual, de origen orgánico e incurable.

que una persona diagnosticada de idiota, podría aprender determinadas habilidades sociales con un entrenamiento sistemático adecuado. Estudios que más tarde serían recogidos por su discípulo Seguin, en su trabajo *La instrucción fisiológica y moral de los idiotas*.

A finales del siglo XIX, con el inicio científico de la Psicología en Alemania, los estudios pedagógicos en Francia y el salto hacia Estados Unidos, de investigaciones y trabajos, la discapacidad intelectual comienza a tener entidad propia, ciertamente pivotada sobre una base médica de alteración o trastorno. Paralelamente a su valoración psicológica, es considerada desde un análisis del comportamiento social y del lenguaje, aspecto que cambia en los primeros años del siglo XX, con la aparición del primer test de inteligencia (Binet y Simon,1905). Con su desarrollo, los tests de inteligencia no sólo cambiaron la medición de esta discapacidad, sino que la redujeron a la evaluación del funcionamiento cognitivo, reducido a su vez, a lo que se entendía por inteligencia y su medida por los aspectos de construcción de la misma. En este sentido, se dejó un tanto en el olvido el estudio del comportamiento lingüístico y social que, hasta ese periodo se consideraba nuclear en la conducta de estas personas. Esto ha producido un desequilibrio en la evaluación, primando lo intelectual y minimizando los aspectos de lenguaje, conducta de adaptación y desenvolvimiento social que, al fin y al cabo, en su integración, aportan un conocimiento más completo de la persona y su comportamiento.

2. 3. ALGUNOS ASPECTOS TERMINOLÓGICOS PREVIOS.

Es ampliamente aceptado que la discapacidad intelectual, no constituye una enfermedad, síndrome o síntoma único, sino que es un estado (de discapacidad) que se reconoce en el comportamiento del sujeto y cuyas causas son múltiples. Sin embargo, este argumento ha sido precedido de una larga historia, en la que han predominado visiones de distinción negativa y tratamientos especiales, de exclusión y de discriminación. En esa historia, el término *retraso mental*, es sustituido por el de discapacidad intelectual porque, aunque usado técnicamente no conlleva exclusión ni elementos de negatividad, sí puede decirse que, como sustantivo, no es identificador de las personas con estas limitaciones. Como tal término, se asocia a connotaciones y estereotipos, que afectan a la comunicación y no favorecen la representación de las personas que la tienen. En esta sustitución, más allá de lo exclusivamente terminológico, se sitúa el cambio de denominación que hace la *Asociación Americana sobre Retraso Mental* (AAMR), para pasar a llamarse *American Associationon Intellectual and Developmental Disabilities* (AAIDD).

En este ámbito conceptual, se refleja un cambio de constructo propuesto por la AAIDD, recogido en Schalock, Luckasson y Shogren, (2007), de tal forma que el término discapacidad intelectual sustituye al de retraso mental, porque:

a) Es más coherente con las prácticas profesionales centradas en conductas funcionales y factores contextuales.

b) Ofrece bases lógicas en la búsqueda y provisión de apoyos individualizados a las personas, desde un marco ecosocial.

c) Es menos ofensivo hacia las personas con discapacidad.

d) Presenta mayor consistencia con uso y terminología internacionales.

e) Hace énfasis en la sensibilidad de la discapacidad, no absoluta, no invariable en la persona.

Como ponen de manifiesto Wehmeyer, Buntinx, Lachapelle, Luckasson, Schalock, y Verdugo (2008), el término de discapacidad intelectual, se centra en su núcleo constituyente de un estado de funcionamiento, frente a los rasgos, o defecto de la mente, como concepción clásica de retraso mental.

En ese particular estado se comprende y reconoce la complejidad de lo biológico y social, asociado a la discapacidad intelectual (Baumeister, 2005; Switzky y Greenspan, 2005), así como la distinción de las características esenciales de una persona con discapacidad intelectual y otras, con limitaciones de tipo cognitivo (Simeonsson et al., 2005;

Thompson y Wehmeyer, 2008). Todo ello nos enmarca en una definición compleja y de carácter multidimensional de la discapacidad intelectual, así como, necesariamente, de sus criterios y elementos de evaluación.

2.4. EVOLUCIÓN CONCEPTUAL Y DEFINITORIA (PERSPECTIVA DE LA ASOCIACIÓN AMERICANA SOBRE DISCAPACIDADES INTELECTUAL Y DEL DESARROLLO).

De acuerdo a la evolución expresada por la Asociación Americana en su análisis de 2004, un primer acercamiento, base ya para una continuidad conceptual que proseguirá con mejora y profundización del término, sirviendo a su vez para el progreso en diagnóstico y valoración, la primera definición, de Tredgold (1908), nos dice que el retraso mental es *un estado de defecto mental de nacimiento, o desde una edad temprana, debido a un desarrollo cerebral incompleto, a consecuencia del cual la persona afectada es incapaz de desempeñar sus deberes como miembro de la sociedad en la posición de la vida en la cual ha nacido.* O bien la que emite en 1937, en la que dice que la *deficiencia mental es un estado de desarrollo mental incompleto de tal clase y grado que el individuo es incapaz de adaptarse al ambiente normal de sus compañeros, de tal manera que mantenga una existencia independiente de supervisión, control o apoyo extremo.* En ambas definiciones puede observarse como se hace énfasis en lo incurable o estado de permanencia del trastorno. Todo ello, en línea con la importancia dada a los tests de inteligencia (época de su pleno desarrollo) y las prácticas de eugenesia, que por entonces se aplicaron.

A esta concepción y época, le sucede, a partir de 1941 con Doll, quien definía el retraso mental como *un estado de incompetencia social mostrada en la madurez, o probable de mostrar en madurez, resultando de una detención en el desarrollo de origen constitucional (hereditario o adquirido); la condición es esencialmente incurable por medio de tratamiento e irremediable por medio de entrenamiento.* Doll observa, además, la exposición de seis criterios que considera generalmente esenciales para una definición adecuada y concepto: 1) incompetencia social, 2) debida a subnormalidad mental, 3) que se ha producido con una detención del desarrollo, 4) que prevalece en la madurez, 5) es de origen constitucional, 6) esencialmente incurable.

Se mantiene el matiz de incurabilidad y su permanencia como debilidad mental, de tal manera que si el pronóstico sugiriera la posibilidad de mejora de los síntomas, con un posible acercamiento a la normalidad final, entonces no debería diagnosticarse de retraso mental. De esta definición se mantienen actualmente los cuatro primero criterios, esto es, la incompetencia social relacionada con limitaciones intelectuales, así como limitaciones en el desarrollo, que ocurren antes de la edad adulta.

Esta definición no podría mantenerse por mucho tiempo, las circunstancias históricas y sociales, entre las que cabe citar el desarrollo de la II Guerra Mundial, y sus estudios post-contienda en neurología y el comportamiento en general, harían que los aspectos de incurabilidad, subnormalidad, detención del desarrollo y origen constitucional, se trocasen en características más evolutivas y de desarrollo. Así, Heber (1959) coordina la 5ª definición de la AAMR, por la que *el retraso mental se relaciona con un funcionamiento intelectual general por debajo de la media, que comienza durante el periodo de desarrollo, y se asocia con deficiencias en una o más de las siguientes: 1) madurez, 2) aprendizaje, 3) adaptación social*. En esta definición se tiene una línea de corte en menos de una desviación típica por debajo de la media, lo que situaría a la población con retraso mental en un 16% de toda la población. Asimismo, se establece que se requerirá, además de la evaluación del CI, medidas de deficiencias en uno o más aspectos de la conducta adaptativa.

El mismo autor, en 1961 aporta la 6ª definición, que podrá ser considerada básica para las definiciones posteriores. Según ésta, *el retraso mental se refiere a un funcionamiento intelectual general por debajo de la media, que comienza durante el periodo de desarrollo, y que se asocia con deficiencia en conducta adaptativa*. El límite del CI es mayor que una desviación típica por debajo de la media, el periodo de desarrollo, al igual que la anterior es hasta los 16 años y se afirman los niveles de gravedad del CI en limites ("*bordelines*"), ligero, medio, severo y profundo.

Grossman (1973) expresa que *retraso mental se refiere a un funcionamiento intelectual general significativamente inferior a la media que resulta o va asociado con déficits concurrentes en la conducta adaptativa, y que se manifiesta durante el período de desarrollo*. El límite de CI es enmarcado a partir de 2 desviaciones por debajo de la media (3% de la población), entendiendo la etapa de desarrollo hasta los 18 años. En los niveles de gravedad, en línea con la definición anterior, la inteligencia límite se establece entre retraso e inteligencia promedio, conceptuándolos como aprendices lentos.

La octava definición de la AAMR (Grossman, 1983) abunda en su predecesora, expresando que *retraso mental se refiere a un funcionamiento intelectual general significativamente inferior a la media que implica o coexiste con una deficiencia en conducta adaptativa, y que se manifiesta durante el periodo de desarrollo*. El límite de CI es el de 70 o inferior, en medidas estandarizadas de inteligencia, límite superior que se propone como una directriz y puede extenderse hasta 75 o más.

Desde esta década, de acuerdo con Grossman (1977, 1983) y Verdugo (1999), se tiene en cuenta que:

1. El retraso mental no constituye una enfermedad, síndrome o síntoma único, sino que es un estado de discapacidad que se reconoce en el comportamiento del sujeto y cuyas causas son múltiples.

2. Sujetos con el mismo diagnóstico médico y el mismo nivel de inteligencia y comportamiento adaptativo, pueden diferir ampliamente en sus habilidades, en los signos y estigmas asociados, en una serie de características, que no son tenidas en cuenta en las evaluaciones médicas y psicológicas utilizadas para construir las clasificaciones.

3. La complejidad en ponerse de acuerdo en las dimensiones que distinguen el retraso mental del autismo, de los trastornos emocionales y de los trastornos de aprendizaje.

En 1992, Luckasson y colaboradores, afirman que *El retraso mental hace referencia a limitaciones substanciales en el funcionamiento actual. Se caracteriza por un funcionamiento intelectual significativamente inferior a la media, que generalmente coexiste con limitaciones en dos o más de las siguientes áreas de habilidades de adaptación: Comunicación, cuidado personal (autocuidado), vida en el hogar, habilidades sociales, utilización de la comunidad, autodirección, salud y seguridad, habilidades académicas funcionales, uso de tiempo libre y trabajo.*

El retraso mental se manifiesta antes de los 18 años.

En esta definición, considerando los límites de CI anteriores, la evaluación incluye el uso de uno o más test generales de inteligencia, administrados de forma individual, así como test de habilidades de conducta adaptativa; observaciones de miembros del equipo evaluador y juicio clínico, haciendo uso de medidas y procesos de evaluación válidos. Además, las habilidades de adaptación se refieren a un conjunto de competencias que reflejan tanto la habilidad para estar incluido en un lugar dado, como la habilidad para cambiar la propia conducta y adaptarse a las demandas de la situación.

La décima definición (Luckasson et al, 2002) expresa que *retraso mental es una discapacidad caracterizada por limitaciones en el funcionamiento intelectual y en la conducta adaptativa, que se manifiesta en habilidades adaptativas conceptuales, sociales y prácticas. Esta discapacidad comienza antes de los 18 años.* Definición que se basa en cinco premisas (cuadro 3):

a) Las limitaciones en el funcionamiento presente deben considerarse en el contexto de ambientes comunitarios típicos de los iguales en edad y cultura.

b) Una evaluación válida ha de tener en cuenta la diversidad cultural y lingüística, así como las diferencias en comunicación y en aspectos sensoriales, motores y comportamentales.

c) En un individuo las limitaciones a menudo coexisten con las capacidades.

d) Un propósito importante de describir limitaciones es el desarrollar un perfil de los apoyos necesarios.

e) Si se ofrecen los apoyos personalizados apropiados durante un periodo prolongado, el funcionamiento vital de la persona con retraso mental generalmente mejorará.

Discapacidad caracterizada por limitaciones en el funcionamiento intelectual y en la conducta adaptativa, que se manifiesta en habilidades adaptativas conceptuales, sociales y prácticas. Esta discapacidad comienza antes de los 18 años.

Son esenciales para la aplicación de esta definición, las siguientes premisas:

a) Las limitaciones en el funcionamiento presente deben considerarse en el contexto de ambientes comunitarios típicos de los iguales en edad y cultura.

b) Una evaluación válida ha de tener en cuenta la diversidad cultural y lingüística, así como las diferencias en comunicación y en aspectos sensoriales, motores y comportamentales.

c) En un individuo las limitaciones a menudo coexisten con las capacidades.

d) Un propósito importante de describir limitaciones es el desarrollar un perfil de los apoyos necesarios.

e) Si se ofrecen los apoyos personalizados apropiados durante un periodo prolongado, el funcionamiento vital de la persona con retraso mental generalmente mejorará.

Cuadro 3.10ª Definición de la AAMR (Luckasson et al. 2002).

Esta definición supone la consolidación de un cambio en la concepción del retraso mental, iniciada, a nuestro modo de ver, como cambio paradigmático, en 1992, en el que se definía como *funcionamiento intelectual general significativamente inferior a la media que resulta o va asociado con déficits concurrentes en la conducta adaptativa,* manifestándose durante el período de desarrollo. El modelo teórico, centrado en la integración social y apoyos (figura1), se complementa con el que la CIF (OMS, 2001), establece con carácter general para todas las personas con discapacidad.

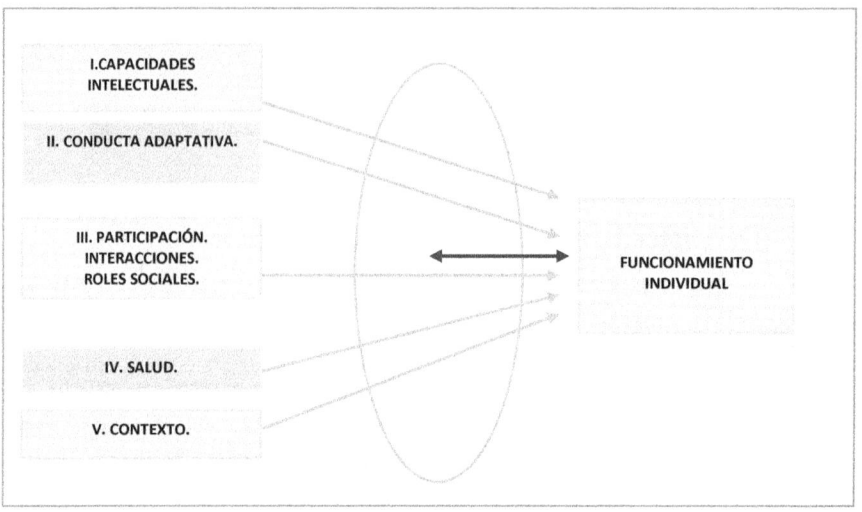

Figura1. Modelo teórico de retraso mental.

Con base a esa evolución, el marco definitorio de la discapacidad intelectual, se sitúa entre los trabajos de la AAMR (2004) y la CIF (OMS, 2001), con lo que puede resumirse en:

- Existencia de una adecuada relación o integración entre la inteligencia y la adaptación, o si se prefiere, entre la valoración del C.I. y la Conducta Adaptativa.

- La valoración no debe sustentarse sobre el CI y sus niveles de gravedad tradicionales, sino sobre el funcionamiento intelectual (conceptual), práctico y social. No sólo en diagnóstico, sino en cuantificación de apoyos.

- Análisis de las relaciones y el marco de vida de la persona con limitaciones. Valorar si ambiente, en orden a un desarrollo de la participación e interacción sociales, así como mantener roles sociales, como conjunto de actividades propias o normales para edad y circunstancia.

- Considerar la salud (estado de bienestar biopsicosocial), como conjunto de condiciones que tienen su influencia positiva o negativa, en el funcionamiento de la persona con retraso.

En conclusión, una persona con discapacidad intelectual (como de otro tipo), de acuerdo a la CIF, se puede caracterizar por limitaciones en su capacidad de funcionamiento (*funciones y estructuras corporales*), en habilidades para ese funcionamiento (*limitaciones en la actividad*) y en la oportunidad de funcionar (*restricciones a la participación*). Por todo ello, la discapacidad en general y la intelectual en particular, queda delimitada por la integración de factores personales y contextuales y la necesidad de apoyos que precisa.

2. 5.CRITERIOS PARA EL DIAGNÓSTICO Y LA CLASIFICACIÓN.

Tratar ese marco definitorio en su aplicación a condiciones y situaciones personales y sociales, es hacerlo operativo, esto es, valorar la discapacidad intelectual de acuerdo a criterios consensuados y establecidos en la comunidad, de forma que un diagnóstico sea reflejo de una realidad concreta. Este marco operativo en la discapacidad, se fundamenta en directrices y clasificación de la Organización Mundial de la Salud (OMS; WHO, en inglés), así como en su específica para la Psicología y Psiquiatría, de la American Psychiatric Association (APA).

2.5.1. Perspectiva de la OMS (CIE-10).

Desde la OMS se considera a la discapacidad intelectual, sobre una perspectiva individualizada, como enfermedad o trastorno, dadas las características de una clasificación médica (cuadro4). Considerado como trastorno, es definido por un *desarrollo mental incompleto o detenido, caracterizado principalmente por el deterioro de las funciones concretas de cada época del desarrollo y que contribuyen al nivel global de la inteligencia, tales como las funciones cognoscitivas, las del lenguaje, las motrices y la socialización.*

> **Trastorno definido por la presencia de un desarrollo mental incompleto o detenido, caracterizado principalmente por el deterioro de las funciones concretas de cada época del desarrollo y que contribuyen al nivel global de la inteligencia, tales como las funciones cognoscitivas, las del lenguaje, las motrices y la socialización.**
>
> *El retraso mental puede acompañarse de cualquier otro trastorno somático o mental. De hecho, los afectados de un retraso mental pueden padecer todo el espectro de trastornos mentales y su prevalencia es al menos tres o cuatro veces mayor en esta población que en la población general. Los individuos con retraso mental tienen un mayor riesgo de sufrir explotación o abusos físicos y sexuales.*
>
> *La adaptación al ambiente está siempre afectada, pero en un entorno social protegido, con el adecuado apoyo, puede no ser significativa en enfermos con un retraso mental leve Puede recurrirse a un cuarto carácter para especificar el deterioro comportamental presente, siempre que no sea debido a un trastorno concomitante:*
>
> *F7x.0 Con deterioro del comportamiento mínimo o ausente.*
> *F7x.1 Con deterioro del comportamiento significativo, que requiere atención o tratamiento.*
> *F7x.2 Con otros deterioros del comportamiento.*
> *F7x.3 Sin alusión al deterioro del comportamiento.*

Cuadro 4. Retraso Mental. (Clasificación Multiaxial de los trastornos psiquiátricos en niños y adolescentes. CIE-10. OMS, 1996).

Esta definición nos conduce a valorar la discapacidad intelectual:

- Centrada en el individuo que la tiene (paciente) y como consecuencia de un desarrollo y funcionamiento cognitivo menor a una normalidad poblacional (estadística o sociológica).

- Anclada en el deterioro y detención del desarrollo y de funciones cognitivas, de lenguaje o psicomotoras y de socialización.

- Afectación en áreas de salud y de riesgo de abusos personales.

- Adaptación de la persona al ambiente, que debe proteger o adecuarse al individuo.

Es una definición claramente biomédica, que trata a la persona como posible paciente y desde una perspectiva individualista de trastorno, deficiencia o limitación centrada en el individuo, cuyo ambiente debe adaptarse.

2.5.2. Perspectiva de la APA (DSM-IV TR).

Desde otra perspectiva, para la APA (2002), la discapacidad intelectual (aunque con la terminología de retraso mental) (cuadro 5) es considerada desde una capacidad intelectual general inferior al promedio y las limitaciones significativas de la actividad adaptativa propia, conceptualización basada sobre supuestos de:

- La capacidad intelectual definida por el coeficiente de inteligencia, obtenido por evaluación mediante uno o más tests de inteligencia normalizados y administrados individualmente.

- Una capacidad intelectual significativamente inferior al promedio se define por su situación alrededor de 70 o por debajo de 70 (aproximadamente 2 desviaciones típicas por debajo de la media). Se ha de tener en cuenta un error de medida.

- Es posible diagnosticar retraso mental en sujetos con cocientes intelectuales situados entre 70 y 75, pero cuando tengan déficit significativos de su comportamiento adaptativo. No se diagnosticaría retraso mental en un individuo con un CI inferior a 70 que careciera de déficit o insuficiencias significativas en su capacidad adaptativa, ya que las personas con retraso mental suelen presentar incapacidades adaptativas más que un CI bajo.

A. Capacidad Intelectual General, significativamente inferior al promedio.
B. Limitaciones significativas de la actividad adaptativa propia de, por lo menos dos de las habilidades: de comunicación, cuidado de sí mismo, vida doméstica, habilidades sociales-interpersonales, uso de recursos comunitarios, autocontrol, habilidades académicas funcionales, trabajo, ocio, salud y seguridad.
C. Inicio anterior a los 18 años.

Cuadro 5. Criterios de definición de la discapacidad intelectual (Retraso Mental) (DSM-IV-TR). APA (2002).

El diagnóstico de la discapacidad intelectual para el DSM-IV TR, se obtiene sobre la valoración de una capacidad intelectual inferior a la media poblacional, conjuntamente con una conducta adaptativa limitada significativamente, lo que se observa a lo largo de una vertiente evolutiva. Evaluación que se hace operativa de acuerdo a los tres criterios de DSM-IV TR.

Se especifican cuatro grados de intensidad (tabla 1), con relación al nivel de CI, añadiéndose una categoría de retraso mental de gravedad no especificada [319], que puede utilizarse cuando exista una clara presunción de discapacidad intelectual, pero no sea posible evaluar la inteligencia del sujeto, a través de los tests al uso.

Grados de intensidad y CI.			
Leve[317].	Moderado [310].	Grave [318.1].	Profundo[318.2]
50-55 y 70.	35-40 y 50-55	20-25 y 35-40	Inferior a 20-25.

Tabla 1. Gravedad de la discapacidad intelectual (niveles de CI) (DSM-IV-TR). APA (2002).

Con el DSM-5 hay una profundización o aclaración de los aspectos definitorios en la discapacidad intelectual. Así, es conceptuada desde los parámetros de un trastorno que comienza durante el período de desarrollo y que incluye limitaciones del funcionamiento intelectual como también del comportamiento adaptativo en los dominios conceptual, social y práctico (DSM-5, p 17). Deben cumplirse los criterios de deficiencia en las funciones intelectuales, en el comportamiento adaptativo y con un inicio en el periodo de desarrollo (cuadro 6).

A. Deficiencias de las funciones intelectuales, como el razonamiento, la resolución de problemas, la planificación, el pensamiento abstracto, el juicio, el aprendizaje académico y el aprendizaje a partir de la experiencia, confirmados mediante la evaluación clínica y pruebas de inteligencia estandarizadas individualizadas.
B. Deficiencias del comportamiento adaptativo que producen fracaso del cumplimiento de los estándares de desarrollo y socioculturales para la autonomía personal y la responsabilidad social. Sin apoyo continuo, las deficiencias adaptativas limitan el funcionamiento en una o más actividades de la vida cotidiana, como la comunicación, la participación social y la vida independiente en múltiples entornos tales como el hogar, la escuela, el trabajo y la comunidad.
C. Inicio de las deficiencias intelectuales y adaptativas durante el período de desarrollo.

Cuadro 6. Criterios de definición de la discapacidad intelectual (DSM-5).

Se hace hincapié en que el término diagnóstico de *discapacidad intelectual,* es equivalente al diagnóstico de la CIE-11, *trastornos del desarrollo intelectual*. Se deja claro que se prefiere el término discapacidad intelectual, considerándolo implantado en los ámbitos legislativo, médico, psicológico, educativo, sociológico o de trabajo social.

En esta clasificación se asocia de una forma definitiva los niveles de gravedad, anteriormente fijados a mediciones cognitivas de CI, a los tipos de ayuda o apoyos que puedan precisar, según los dominios conceptual, social y práctico.

Subyace a ambas clasificaciones que la discapacidad intelectual es un estado particular de funcionamiento personal-social, caracterizado por limitaciones tanto de tipo cognitivo, como de adaptación, de ahí que, tanto la evaluación como la intervención, deba tratarse desde una armonía entre las capacidades del individuo y la estructura y expectativas de su medio ambiente.

(Véase en la cuadro 7 un resumen de los criterios sobre la discapacidad intelectual, en las sucesivas ediciones – revisiones de los DSM).

DSM-I
Cuestionamiento y abandono de los términos de idiocia e imbecilidad, reemplazados por el de *deficiencia mental*. Se distinguen dos categorías: *primaria* o idiopática y *secundaria*(síndromes orgánicos cerebrales crónicos).
Se establecen los niveles de severidad: leve, moderado y severo (según el CI).
Amplitud para el criterio de inclusión: CI de 70 a 85 (deficiencia mental leve) (Una desviación típica).
DSM-II.
Se adopta la denominación de *retraso mental*.
Categorías diagnósticas asociadas al CI, considerando importante la valoración psicométrica. Se añaden dos nuevos niveles de severidad: retraso mental límite (*borderline*, CI entre 68 y 85) y profundo (CI menor de 20), descendiendo los puntos de corte de los demás niveles.
Se especifica que el CI no debe ser el único criterio y que debe tenerse en cuenta la historia evolutiva y el funcionamiento actual, incluidos los logros académicos, habilidades motoras y madurez social y emocional. En la práctica todo el peso del diagnóstico recae sobre el CI.
Se abandona la distinción entre causa primaria y secundaria, introduciéndose un cuarto dígito para nueve subcategorías (desde traumas perinatales, desórdenes metabólicos y anormalidades cromosómicas, hasta la desventaja psicosocial). Se expresan más de 60 causas posibles de retraso mental.

DSM-III.
Se asumen las categorías diagnósticas anteriores (exclusivamente psicométricas) pero considerando una categoría distinta e independiente del retraso mental: Capacidad intelectual límite (personas con un CI comprendido entre 70 y 85).
Se introduce el sistema multiaxial, se esclarecen categorías precisas con criterios claramente definidos, no entrando en la etiología de los trastornos mentales.
El RM (como condición estable), se asemeja a los trastornos de la personalidad y se le ubica en el eje II.
Criterios:
Capacidad intelectual significativamente inferior al promedio.
Déficit o alteraciones concurrentes de la actividad adaptativa actual.
Comienzo antes de los 18 años.
En el DSM-III-R, la categoría de *capacidad intelectual límite* se puede incluir en la sección de **Otros problemas que pueden ser objeto de atención clínica**, lo que conllevó para ese grupo de personas, dejar de tener un trastorno mental y considerarse un problema o dificultades de aprendizaje.
DSM-IV.
Se mantiene el término de *retraso mental,* aunque de acuerdo con la AARM (1992), reconoce el efecto estigmatizante del término y la necesidad de suprimirlo, en dirección al de discapacidad intelectual.
Criterios:
Se mantiene sin cambios el criterio A (déficit intelectual).
El *criterio B* (déficit adaptativo) alcanza relevancia, adquiriendo un peso considerable (al menos teóricamente) en la evaluación de fortalezas y debilidades por áreas, favoreciendo así la determinación de los apoyos necesarios para superar las limitaciones. Es clara la importancia dada al entorno en el nivel de funcionamiento de la persona con RM, según los apoyos o limitaciones.
El criterio C se mantiene sin cambios.
DSM5.
Se adopta la denominación de *discapacidad intelectual*, considerándose la extensión y uso del término en sus ámbitos educativo, de salud, político, legislativo, periodístico y de la sociedad en general. Se añade una segunda denominación, la de *trastorno del desarrollo intelectual*, por equivalente a la que se dará en la CIE-11.
Se define como un trastorno que comienza durante el período de desarrollo y que incluye limitaciones del funcionamiento intelectual, como también del comportamiento adaptativo en los dominios conceptual, social y práctico.
Criterios.
A. Deficiencias de las funciones intelectuales, como el razonamiento, la resolución de problemas, la planificación, el pensamiento abstracto, el juicio, el aprendizaje académico y el aprendizaje a partir de la experiencia.
B. Deficiencias del comportamiento adaptativo que producen fracaso del cumplimiento de los estándares de desarrollo y socioculturales para la autonomía personal y la responsabilidad social.
C. Inicio de las deficiencias intelectuales y adaptativas durante el período de desarrollo.

Cuadro 7. Evolución de concepto y de criterios diagnósticos en los DSM.

2.6. CONSIDERACIONES GENERALES SOBRE LA EVALUACIÓN.

La evaluación es siempre necesaria, máxime cuando de ella se espera la provisión de medidas y de recursos para el mejor desarrollo de la persona, pero a la vez, debe tenerse en cuenta que su fin es proporcionar elementos de desarrollo con objetivos de crecimiento personal y social. En este sentido, podríamos considerar algunos aspectos en la reflexión y la práctica de la valoración psicológica (cuadro 8).

La evaluación (con un carácter multidisciplinar) debe realizarse si existen razones para hacerla, hacia objetivos de desarrollo individual, educativo y social, para lo que debe contarse con la autorización de la persona o de sus familiares o representantes, llevándose a cabo la valoración por profesionales cualificados.

- Iniciar la evaluación si existen razones para ello. No tiene sentido el examen sin objetivos definidos.
- Los padres o tutores del niño deben dar su consentimiento para llevar a cabo la evaluación. Se debe contar con la participación activa de las personas afectadas o de sus representantes.
- La evaluación debe ser realizada por un equipo interdisciplinar de profesionales plenamente cualificados.
- Los elementos de evaluación habrán de adaptarse a las personas según sus déficits de audición, visión, movilidad o salud, así como modificarse en función de los contextos social, cultural o lingüístico, en los casos en que difieran con la población de estandarización de los tests.
- Se derivarán a especialistas oportunos, a cualquier persona con sospecha de problema auditivo, visual, movilidad, o salud en general, con el fin de garantizar la adopción de medidas necesarias a su caso.
- En el informe, conclusiones y/o recomendaciones, se considerará toda la información disponible, incluida la obtenida de entrevistas con personas relacionadas con el sujeto a valorar. La valoración y diagnóstico deberá ser multifactorial, no basándose exclusivamente en el CI.
- Evaluaciones periódicas confirmarán o corregirán posibles modificaciones en los programas de intervención.
- Las personas pueden ejercer su derecho a no admitir los procedimientos de evaluación, retirarse del proceso de diagnóstico y/o de los servicios establecidos para ellos.

Cuadro 8. Consideraciones generales en Evaluación de la discapacidad intelectual (Adaptado de la AAMR, 1999; 2002).

En esta evaluación se tendrán en cuenta los criterios de adaptación a la persona, en función de sus déficits de audición, visión, movilidad o salud, o en su caso de los contextos social, cultural o lingüístico. Consecuentemente, la evaluación será amplia por sus áreas de intervención, así como por su extensión en el desarrollo evolutivo, debiendo considerar los diversos factores que influyen en la persona y sus contextos; de ello se espera que las evaluaciones periódicas confirmen o corrijan posibles modificaciones en los programas de intervención.

Los procesos de evaluación nos deben llevar al análisis de las áreas de: I. Funcionamiento intelectual; II Habilidades adaptativas; III. Participación, interacciones y roles; IV. Salud; V. Contexto (figura 2). Sólo de esta manera podrá obtenerse un diagnóstico centrado en la persona y su circunstancia y con objetivos de desarrollo de capacidades, para que ejercite una vida independiente e integrada en su comunidad.

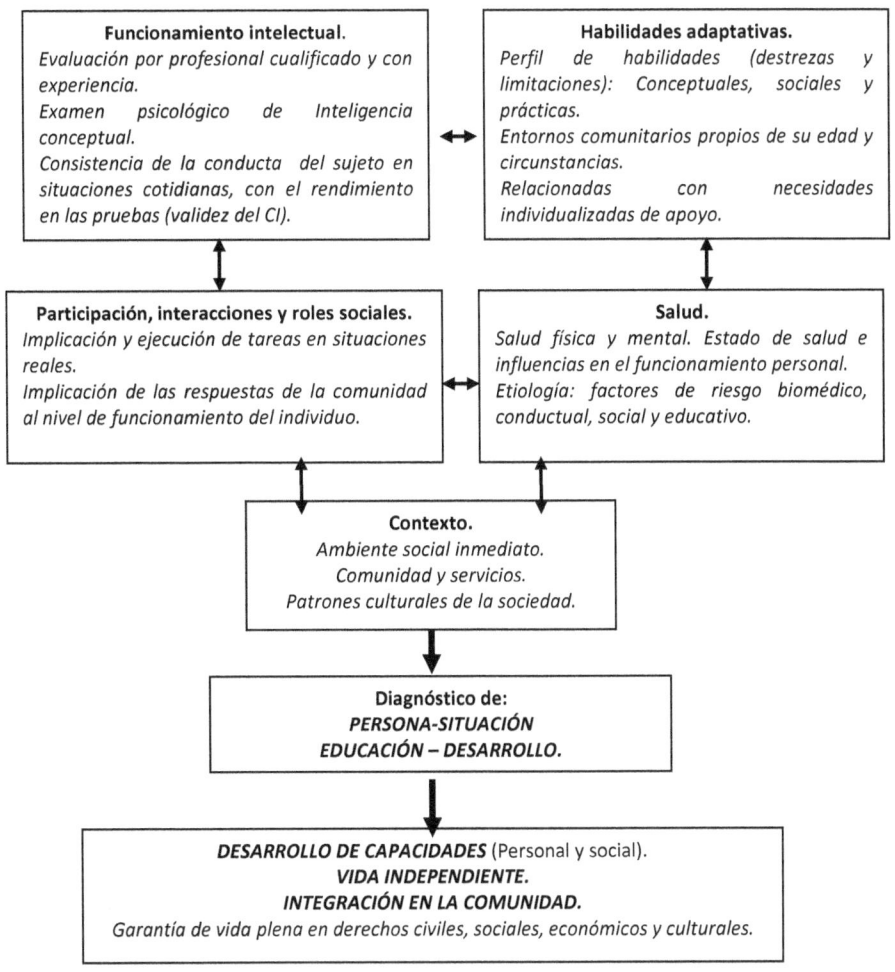

Figura 2. *Áreas de evaluación en la persona con discapacidad intelectual.*

Finalmente debe admitirse que las personas puedan ejercer su derecho a no admitir los procedimientos de evaluación y en su caso, retirarse del proceso de diagnóstico o de los servicios establecidos para ellos. No debería olvidarse que la razón fundamental de cualquier sistema de clasificación, consiste en explorar las similitudes y diferencias entre individuos y grupos, buscando asegurar la igualdad de oportunidades de las personas con discapacidad a la hora de recibir servicios y acceder a recursos y no un encasillamiento de las personas en categorías, en las que por el hecho de pertenecer a una de ellas, implicará un mismo tipo de necesidades, o de acceso a los recursos y servicios (Navas, Verdugo y Gómez, 2008).

CAPÍTULO 3.

DISCAPACIDAD INTELECTUAL: CARACTERÍSTICAS PSICOLÓGICAS, DE SALUD Y EDUCATIVAS.

El dualismo mente – cuerpo, suele explicarse en términos de salud, con el viejo aforismo *mens sana in corpore sano*, con lo que se interpreta la existencia de un equilibrio personal, desde la disciplina en un cuerpo ejercitado, bien alimentado y con adecuados hábitos. Siendo verdad su argumento, lo es para toda la población, aunque para las personas con discapacidad intelectual, se haya leído en su línea textual, esto es, dándose defecto en lo mental (*mens insania*) también se da en lo físico. Se explica de esta forma el uso popular y compasivo de *"estar malito"* en su referencia a la persona con discapacidad intelectual. Se olvida, finalmente, que la sentencia argumental es disciplinar el cuerpo, como asiento de una vida y hábitos, con el que favorecer una conducta personal equilibrada, básica para desarrollar una vida de costumbres y relaciones, socialmente adecuada.

3. 1. CARACTERÍSTICAS PSICOLÓGICAS Y DE SALUD.

Las personas con Discapacidad Intelectual (en adelante DI) se caracterizan por una capacidad y función intelectuales por debajo de la población general, a lo que se le asocia una menor conducta de adaptación, entendida ésta como la no satisfacción de la norma de independencia personal y de responsabilidad social, que se espera para su edad y grupo cultural (OMS, 1992). En este sentido, se consideran las recomendaciones de la American Associationon Intellectual and Developmental Disabilities, de apreciar más los apoyos (en línea con la capacidad de adaptación) y menos en una valoración centrada en el CI.

La prevalencia media mundial se estima en 10,37 casos por 1000 habitantes (Maulik, Mascarenhas, Mathers, Dua, Saxena, 2011), pudiendo afirmarse para España en unas 500.000 personas (en torno al 1% de la población), con una tasa de crecimiento de 10000 individuos/año; lo que representaría un 4% de familias afectadas (Bueno, 1991). La prevalencia es claramente superior en los varones (en todos los niveles de discapacidad intelectual), con un cociente de 1,7 hombres porcada mujer. Situación que es debida a que, un porcentaje importante de síndromes de causa genética, y que cursan con discapacidad intelectual, van ligados al cromosoma X.

Por otro lado, el diagnóstico de discapacidad intelectual es menor en los primeros años de vida (antes de los 5años), para ir en aumento en las siguientes etapas escolares, alcanzando un nivel máximo entre los 14 y los 15 años. Finalmente, en la edad adulta, se sitúa en torno al 1 %.

Aunque se conocen más de 250 causas biológicas, tan sólo en un 25% de las personas con DI se ha identificado una causa biomédica, quedando el 75% restante de causa desconocida o debido a factores psicosociales. La DI leve presenta un cuadro idiopático o familiar, quedando las formas grave y profunda asociadas a cuadro de afectación neurológica y con distribución uniforme entre niveles sociales. Tanto los factores hereditarios, como los ambientales y socio-culturales, pueden contribuir a transmitir la DI en las familias a través de generaciones (Katz y Lazcano-Ponce, 2008; Popper y Steingard, 1996).

La persona con DI no es distinta en su salud a otras, por el hecho de tener discapacidad, es obvio el estado de buena salud de muchas de estas personas. También es cierto, sin embargo, que la población con limitaciones intelectuales (desde un punto de vista estadístico) presenta una probabilidad de entre 3 y 5 veces más de presentar trastornos de salud mental o física. En este sentido, con relación a la morbilidad psiquiátrica asociada a la población DI, los estudios epidemiológicos mostrarían una tasa de entre un 8% y 15%, pudiendo llegar hasta un 50% si se incluyen trastornos de conducta. Estas conductas culturalmente anormales en su intensidad, frecuencia, duración, y que pueden poner en grave peligro la seguridad física de la persona o de la de otros, limitando el uso de los servicios habituales de la comunidad o de hacer que le nieguen el acceso a los mismos (Jiménez, Aguilar, Pol, Mata, Crespo, Martínez, Carratalá, Pérez y Pol, 2013).

Así podría considerarse que la probabilidad de enfermedad o trastorno mental, correlacionaría inversamente con el CI. Esto es, a más bajo CI, mayor es la posibilidad de incidencia de trastornos o si se prefiere mayor grado de organicidad. A este respecto, podría decirse que las personas con DI constituyen una de las poblaciones más medicadas con psicofármacos, recibiendo neurolépticos entre ⅓ y ¾ de las personas con este diagnóstico, para lo cual es frecuente argumentar la frecuencia y gravedad de sus trastornos de conducta (Pol, Ivorra, Horga y Aznar, 2001; Jiménez et Al, 2013). A pesar de ello, la elevada prescripción de fármacos en personas con DI es motivo de controversia, por un menor soporte experimental, fuertemente influidas por factores no médicos, pudiendo originar problemas iatrogénicos (Holden y Gitlesen, 2004). En cualquier caso, el binomio discapacidad intelectual y enfermedad mental sigue suponiendo un reto socio-sanitario, en el que debe continuarse su estudio y en la búsqueda de soluciones para la mejora de la calidad de vida y de sus relaciones sociales y comunitarias (Novell Alsina; Rueda Quitllet; Salvador Carulla y Forgas Farré, 2015; Rodriguez-Aguilella; Verdugo-Alonso; Sánchez-Gómez, 2015).

Por lo tanto, en cuanto a la salud física de las personas con DI (cuadro 1), puede hablarse de alteraciones metabólicas, endocrinas o neurológicas que pueden confundirse con síntomas de enfermedades mentales que, en todo caso, son asociaciones a su cuadro de afectación intelectual y conductual.

> - Pérdida o limitaciones de tonicidad muscular, hipoelasticidad de las articulaciones.
> - Disfunción tiroidea o probabilidad de padecerla (sobre todo en síndrome de Down).
> - Diabetes.
> - Cardiopatías.
> - Problemas estaturo – ponderales.
> - Alteraciones del SNC: reducción del tamaño cerebral, aplanamiento de áreas occipitales, hidrocefalia, reducción de tronco cerebral,…
> - Alteraciones neuronales: Incremento del núcleo neuronal, decremento general del número de neuronas, desmielinización, elementos degenerativos,…
> - Epilepsias en sus diversos tipos o síndromes.
> - Agudeza visual y auditiva disminuida, con tiempos de reacción más largos
> - Menos coordinación motora.
> - …

Cuadro 1. *Características biológicas generales de la persona con discapacidad intelectual.*

Cabría recordar que ese conjunto de síntomas o características individuales (patológicas o no) es referencial o susceptible de aplicación a diversos cuadros que tienen de común el adjetivo de discapacidad intelectual. Sin dudar del valor que ello representa para el diagnóstico y clasificación, como elemento básico de observación, debe argumentarse que la conceptualización diagnóstica aplicada a cualquier persona, implica centrarse en su individualidad (características e historia personales, familiares, aspectos de salud,…) y analizar el contexto y relaciones. Esto es, aunque pueda parecer reiterativo, sólo de un análisis exhaustivo individuo – contexto, podremos expresarnos en términos de discapacidad al contemplar síntomas (cuadro 2). No se trataría de mera adscripción a tal o cual categoría de clasificación, sino contemplar observaciones, apreciarlas en la persona y circunstancia, para después valorarla de acuerdo a la generalidad diagnóstica que proceda, en búsqueda de apoyos y servicios.

> - Rigidez comportamental y perseverancia en sus respuestas.
> - Nivel de expresión por debajo de un promedio.
> - Persistencia y dependencia en las relaciones sociales (mayor seguridad o apego).
> - Intereses en juegos de y con niños de menos edad.
> - Dificultades de atención y facilidad de distracción.
> - Tendencia a atribuciones externas de causalidad.
> - Menor grado de autorreflexión o de autoconocimiento.
> - Dificultades en el manejo y control de refuerzos, baja tolerancia a la frustración.
> - Ayuda en la construcción de proyectos vitales.
> - Menor grado de autoestima.
> - Menor desarrollo psicomotor.

Cuadro 2. *Características psicológicas generales de la persona con discapacidad intelectual.*

Sujetos con el mismo diagnóstico médico y el mismo nivel de inteligencia y comportamiento adaptativo, pueden diferir ampliamente en sus habilidades, en los signos y estigmas asociados, e en una serie de características que no son tenidas en cuenta en las evaluaciones médicas y psicológicas utilizadas para construir las clasificaciones.

3. 2. CALIDAD DE VIDA Y DISCAPACIDAD INTELECTUAL.

Aunque no aparezca como tal termino, el concepto de calidad de vida puede observarse en la evolución que, paralelamente, ha tenido el desarrollo educativo de los alumnos con necesidades especiales. Desde la década de los sesenta del pasado siglo, en la que se iniciaron estudios y se cuestionaron los procedimientos educativos con la denominada EE, apareciendo el concepto de normalización con el que puede valorarse una concepción educativa hacia una calidad de vida. En los setenta, con la aparición del informe Warnock (Warnock, 1978), se rompe definitivamente, al menos en términos normativos, con la segregación o discriminación por clasificaciones o adscripciones diagnósticas en el ámbito educativo, favoreciendo que éste sea integrador.

La Convención sobre los Derechos de los Niños (Naciones Unidas, 1989), la adopción por la ONU de las normas... (1993), así como la

Declaración de Salamanca (1994), pretendieron la igualdad de oportunidades en todos los aspectos, y en el educativo en particular. Tanto en Europa como en España, los sistemas educativos se ajustan a modelos de integración escolar, de educación curricular y de respuesta a las necesidades educativas especiales del alumnado.

A finales de los noventa y en la primera década de nuestro siglo XXI, la inclusión de se convierte en el paraguas que ampara a todo el alumnado en atención a sus necesidades, sean éstas por discapacidad, desventaja sociocultural, dificultades o simplemente, características individuales y sociales. La multiculturalidad y la inclusión dentro de un sistema educativo que busca un desarrollo personal y social de calidad.

Si por calidad de vida, de acuerdo a la RAE y desde un análisis semántico, se entiende como nivel o conjunto de valores positivos (éxitos, satisfacción, tranquilidad, salud,…) asociados a la existencia humana, puede entenderse que sea valorada, desde lo interno en la persona o subjetividad o bien desde una perspectiva de interacción persona-situación. Centrándonos en esta última, de acuerdo con Schalock (1997) aceptamos que los individuos, dentro de su satisfacción personal, la calidad de vida no es independiente de sus contextos próximos y lejanos. De esta forma, hablar de calidad de vida, puede hacerse tanto en políticas generales, sobre discapacidades, como en programas generales o específicos en comunidad o persona, la calidad de vida es un vehículo de igualdad social.

La calidad de vida es pues un concepto con el que se hace referencia a un conjunto integrado de factores que componen el bienestar personal, dentro de una perspectiva sistémica. Las dimensiones centrales de la calidad de vida y sus indicadores, pueden apreciarse, de acuerdo con Schalock (2001) y Schalock y Verdugo (2003) en el cuadro 3.

DIMENSIONES	INDICADORES
Bienestar emocional	Satisfacción. Bienestar emocional. Autoconcepto. Seguridad. Espiritualidad. Confianza. Felicidad.
Desarrollo personal	Educación. Desarrollo personal. Logro.
Relaciones interpersonales	Relaciones interpersonales. Apoyos. Interacciones. Familia. Amistades. Intimidad. Afecto.
Inclusión social	Integración comunitaria y participación. Aceptación. Apoyos. Ambiente laboral. Roles. Inclusión social. Ambiente residencial.
Bienestar físico	Bienestar físico. Ocio. Salud. Estado físico. Actividades recreativas. Actividades de la vida diaria.
Autodeterminación	Autodeterminación. Autonomía. Elecciones. Metas personales. Control personal. Autodirección.
Bienestar material	Bienestar material - Financiero. Empleo. Protección. Comida.
Derechos	Derechos. Responsabilidades cívicas.

Cuadro 3. Dimensiones e indicadores de calidad de vida en educación y en EE (Adaptado de Schalock y Verdugo, 2003).

Esta calidad de vida se sitúa en un marco de la persona – contexto, ya que las personas viven en varios sistemas sociales, en los que se confrontan y desarrollan sus valores, actitudes y conductas.

3.3. DISCAPACIDAD INTELECTUAL Y DESARROLLO EDUCATIVO.

Puede afirmarse que la EE ha dejado de ser un recurso de especialización fuera de lo ordinario, pasando a ser, como toda la respuesta educativa a la diversidad del alumnado, a insertarse y desarrollarse en un ámbito de inclusión. Podemos pensar que los años de programas de integración han servido para mejorar no solo la imagen, un sistema educativo, sino también para la integración y participación de la comunidad, aceptación y apoyo, el reconocimiento de necesidades, valoración y satisfacción de relaciones personales y mejora de bienestar personal y familiar entre otros aspectos.

Estos aspectos son indicadores de una evolución hacia la calidad de vida en la escuela, que sin duda, ha de contar con el papel determinante del profesorado. Los maestros han de situarse en una carrera hacia la reflexión y ocupación mas allá de los procesos del aula y orientándose a la Educación que implica la actuación y desarrollo de las múltiples facetas de la persona en su desarrollo vital. Se hace obvio recordar la importancia que la acción tutorial tiene en el trabajo del educador. Discurrir por un camino con estos indicadores es hacer un trabajo de planificación, intervención y de conducción en suma, hacia una CV como objetivo de respuesta a las necesidades del alumnado.

Desde una perspectiva de psicología educativa o de pedagogía, la discapacidad no debe apreciarse como problema, sino como objeto de soluciones y, más aún, de satisfacción de necesidades, esto es, no se centra en la deficiencia, no se acentúa la dificultad o limitaciones por causa de trastornos o alteración, buscando la adecuación a las necesidades y características de la persona, compensando y favoreciendo, con los recursos o medidas oportunos, el desarrollo de sus capacidades.

En un ámbito y carácter educativos (Luque, 2006), la valoración de la discapacidad implica una intervención psicopedagógica centrada en las características del alumno y sus contextos escolar, familiar y social, convirtiéndolas en necesidades (especiales o no) y aportando la respuesta precisa a las mismas. En última instancia, la educación no es más que desarrollo personal y social y, en consecuencia, cualquier sistema sólo ha de contribuir a llevarlo a cabo a través de la adaptación y ajuste a la persona.

3.3.1. Necesidades educativas especiales.

Con el término *nees* se hace referencia a las dificultades o limitaciones que, un determinado número de alumnos, puede tener en sus procesos de enseñanza - aprendizaje, con carácter temporal o duradero, precisando de unos recursos educativos específicos. Recordemos que el término y su desarrollo conceptual, se inician formalmente, a partir del informe Warnock (1978), con el que se pretendía hacer un análisis sobre el estado de la Educación Especial en el Reino Unido. De pronta asimilación por otros países y en España en particular (desarrollo legislativo a lo largo de la década de los 80 del pasado siglo), el informe marcó aspectos importantes en la valoración e intervención de la EE y de la atención a la diversidad. De una forma muy sucinta, estos aspectos, podrían concretarse en:

- Menor consideración de las entidades diagnósticas como agrupaciones o cuadros nosológicos estancos, con lo que son más los efectos negativos en el alumnado y familias, que lo positivo de conocimiento del trastorno o limitación.

- Derivado de lo anterior, el diagnóstico como etiquetaje, puede suponer un punto formal que disminuya, cuando no anule, posibilidades de enseñanza/aprendizaje. Ese diagnóstico debe hacerse como punto de partida, no como punto de llegada.

- Una categoría diagnóstica supone a veces dificultad o trastorno. De igual forma, el que varios niños estén dentro de una misma categoría, no indica igualdad de problemas o de respuesta.

Argumentos que conducen a apreciar la validez del término *nees*, por cuanto es más flexible y adaptado a la individualidad y contexto; más justo y comprensible de realidades. De acuerdo con todo ello, el término ofrece ventajas y pocos inconvenientes en su aplicación al alumnado, rompiendo con una perspectiva clásica de diagnóstico, en el que es exclusiva la causa individual-orgánica, que conlleva un desarrollo prácticamente inmodificable, teniendo la Educación posibilidades limitadas. En cambio, el término *nees* hace énfasis en el contexto, servicios y apoyos, como elementos de una respuesta educativa específica y adecuada al alumnado, dentro de un ámbito de normalización. El concepto de *nees*, no tiene entidad diagnóstica, pero sí de valoración; no es distintiva o negativa, sino de especificidad para su respuesta; no es finalmente, un adjetivo sustantivado, sino término expresivo a una respuesta de calidad y con equidad, al alumnado que las presente.

3.3.2. Intervención en las necesidades educativas especiales asociadas a la discapacidad intelectual.

El propio concepto de discapacidad incluye el reconocimiento de las características individuales, en su asociación recíproca a las limitaciones o deficiencias que se presenten. Esto, además de acotar el análisis de las *nees*, nos proporciona un mejor conocimiento de los recursos que satisfagan esas necesidades. No siendo intercambiables *nees* y *discapacidad*, es lógico no perder de vista las características típicas que cada persona con discapacidad tenga (son evidentes las peculiaridades que una persona sorda, con discapacidad intelectual, motora,…, tienen *per se* y en las adecuaciones contextuales). De este análisis, se obtiene una valoración amplia de la situación – circunstancia de los niños y niñas con limitaciones, además de que el conocimiento particular de una discapacidad (personales, cognitivas, de movilidad, perceptivas,…) y su adecuación al ambiente, nos permite aportar una respuesta adecuada, en un entorno comprensivo hacia esas necesidades específicas, en el mismo nivel de desarrollo que cualquier otra persona (Luque, 2007; 2011).

Es obvio que los niños y niñas con discapacidad intelectual tienen las mismas necesidades que sus iguales en edad, así como la consecución de los niveles óptimos de salud y de autonomía, que les permitan desarrollar al máximo sus posibilidades. De igual forma, precisan de los mismos satisfactores, aunque en consonancia con las características concretas de su persona – discapacidad, y contando con los apoyos y recursos en la comunidad (Luque, 2009). Adoptando esta perspectiva ecológica (interacción sujeto-entorno) las necesidades educativas que pueda tener cualquier persona con discapacidad, y las que presentan los de discapacidad intelectual en particular, se relacionan básicamente con:

a) las características de la persona, a las que se le añade la dificultad o deficiencia.

b) limitaciones en el acceso a recursos y servicios.

c) dificultades de aceptación, comprensión y apoyo de la comunidad.

Aunque esta atención es individualizada, en un afán de obtener un cuerpo o integración de posibles necesidades educativas para personas con discapacidad intelectual, de forma que posteriormente, pudiera servir de referencias para casos particulares, podríamos señalar algunos aspectos de carácter operativo.

3.3.3. Recursos y Apoyos.

Tanto en el inicio de sus Etapas Educativas, como a lo largo de ella y como análisis para la elaboración de su Dictamen de Escolarización, podrán considerarse los recursos del cuadro 4.

Dictamen de escolarización: Recursos y NEE.
Recursos personales:
- Maestro especialista en Pedagogía Terapéutica. - Maestro especialista en Audición y Lenguaje. - Maestro de Refuerzo y Apoyo al currículum. - Fisioterapeuta (Estimulación o rehabilitación motoras). - Técnico educativo (Apoyo en los desplazamientos, cambios posturales, aseo, comedor, …) - Otros recursos personales.
Recursos materiales:
- Materiales de aula. - Programas específicos de intervención en desarrollo cognitivo. - Programas específicos de intervención y desarrollo lingüísticos. - Programas específicos de estrategias de aprendizaje. - Programas de intervención en autonomía personal. - Programas de intervención en habilidades sociales. - …

Cuadro 4. Recursos y NEE.

Teniendo en cuenta las diversas modalidades de escolarización prescritas para el alumno o alumna en cuestión, podrá precisar de los tipos de apoyo del cuadro 5.

Tabla de Necesidades Educativas Especiales: Apoyos.
- Apoyo de forma individual o en grupos pequeños. - Apoyo específico en Pedagogía Terapéutica. - Apoyo específico en Audición y Lenguaje. - Apoyo específico en Psicomotricidad. - Apoyo específico en Fisioterapia. - Apoyo específico en autonomía personal e independencia. - Apoyo específico en la conducta y su regulación. - Apoyo específico en las relaciones y habilidades sociales. - Coordinación familia-centro-comunidad.

Cuadro 5. Apoyos y NEE.

Las propuestas y la planificación de los recursos y los apoyos se harán en función de las características del alumno o alumna, y de las limitaciones en sus capacidades intelectual, adaptativa, participación e interacción social, salud y contextos.

Planificación y organización de recursos.
Intermitentes: Puntuales o de corta duración (situaciones particulares de enfermedad, crisis,…).
Limitados: En cambios de etapas, término del periodo escolar y transición a la vida adulta.
Extensos: Situaciones nuevas de aprendizaje, supervisión del trabajo diario, mantenimiento de hábitos básicos,…
Generalizados o continuados: Menor autonomía y autorregulación.

Cuadro 6. Necesidades educativas especiales y grado de los apoyos (adaptado de CREENA).

3.3.4. Áreas de intervención (necesidades educativas especiales propiamente dichas).

Los niños y niñas con discapacidad intelectual pueden tener necesidades educativas especiales que, de manera general, pueden agruparse en las áreas de desarrollo: Personal y social, Comunicación y Lenguaje, Cognitivo, Psicomotor, Habilidades de aprendizaje en general y de instrumentales en particular. Necesidades que han de especificarse en orden a la planificación de su respuesta educativa y con objetivos de intervención en la potenciación y refuerzo de capacidades (cuadros 7 y 8).

Potenciación y refuerzo de capacidades: Áreas de desarrollo (I).
Comunicación y Lenguaje:
- Desarrollo de actitudes y hábitos: contacto ocular, atención, impulsividad,…,
- Desarrollo de situaciones representativas y de relaciones sociales.
- Desarrollo de la comprensión verbal y de las situaciones sociales.
- Experimentar situaciones de expresión emocional.
- Modelar su relación con los iguales.
- Desarrollar o reeducar el lenguaje oral: dislalias, estructuración, ordenación y comunicación de ideas, gramática, vocabulario,…
- Trabajar la discriminación auditiva de fonemas.
- Mejorar la competencia fonológica, silábica, léxica y morfosintáctica.
- Ampliar su capacidad de comunicación: comprensión oral y escrita.
- Apoyo verbal y gráfico para la comprensión de tareas.
- Lectura de códigos, pictogramas,…, para su refuerzo y mayor desenvolvimiento personal.

Desarrollo personal:
- Desarrollar actitudes y hábitos de atención. - Incrementar niveles de comprensión verbal y de las situaciones sociales. - Ajuste de respuestas a los estímulos ambientales, anticipando y adecuando su conducta a los acontecimientos. - Control de impulsividad y de emociones, comprendiendo los estados emocionales de los demás. - Disminuir sus niveles de ansiedad. - Aceptar y comprender las situaciones de frustración. - Valorar tipos de refuerzos para su mejor adecuación conductual. - Mejorar o modelar sus relaciones e interacción con los compañeros. - Desarrollar capacidades de comunicación, comprensión y expresión. - Adquisición de estrategias para mejorar su autoconcepto. - Aumentar su autoestima y seguridad en sí mismo.
Desarrollo personal y de autonomía en actividades:
- Desarrollar hábitos atencionales, con preparación o formación previa a cualquier actividad. - Aumentar la motivación hacia los aprendizajes escolares. - Adquirir procedimientos de regulación de conducta ante situaciones de frustración o exigencia. - Controlar conductas disruptivas que pueda presentar en clase. - Aumentar la autonomía en su trabajo. - Asumir responsabilidades y disminuir el nivel de dependencia de los adultos. - Adquirir un conjunto sistematizado de normas de comportamiento, rutinas y hábitos de autonomía. - Desarrollar hábitos de autonomía personal e independencia (casa, centro educativo, social, laboral).

Cuadro 7. Necesidades Educativas Especiales y desarrollo de capacidades y competencias básicas I.

Potenciación y refuerzo de capacidades: Áreas de desarrollo (II).
Desarrollo cognitivo:
- Potenciación o refuerzo de funciones perceptivo-atencionales. - Refuerzo en el desarrollo de coordinación visomotora, mejora del trazo, discriminación figura-fondo, memoria de formas, integración visual,… - Mejora de su capacidad de memoria (auditiva, visual,…). - Desarrollo de estrategias de memoria de trabajo y de habilidades de procesamiento cognitivo. - Incrementar capacidades de comprensión, manipulación o retención de la información. - Utilización de materiales y recursos de apoyo para favorecer la motivación y comprensión.
Desarrollo psicomotor:
- Desarrollar o mejorar su propia imagen corporal y conocimiento del cuerpo. - Aumentar la capacidad de equilibrio y coordinación motora gruesa. - Desarrollar habilidades motoras de coordinación, fuerza, flexibilidad y relajación del tono muscular. - Intervención en la lateralidad corporal (ojo, mano, pie) y su afianzamiento. - Adecuado control de los segmentos corporales (brazo, antebrazo, muñeca y dedos). - Adquirir adecuada prensión y presión útil para actividades manuales (reseguido, recortado, coloreado, punteado, escritura).
Desarrollo de habilidades de aprendizaje:
- Ambiente de enseñanza estructurado, estable con menores elementos de dispersión atencional. - Diseño de actividades, muy estructurado y secuenciado. - Valorar elementos de motivación e interés, partiendo de sus circunstancias, experiencias y entorno inmediato. - Desarrollar las capacidades básicas de estructuración y ordenación espaciales. - Desarrollar las capacidades de orientación y estructuración temporales. - Fomentar las capacidades de obtención, transformación, generalización y uso de la información. - Favorecer aptitudes de observación, comparación, seriación, clasificación,… - Trabajar la destreza manual (manipulación con herramientas y útiles). - Uso y habilidades del ordenador para diversas actividades. - Favorecer la autonomía del trabajo, tanto individualmente como en grupo.
Desarrollo de habilidades instrumentales:
- Ajustar su aprendizaje desde sus conocimientos previos e intereses, contando además con niveles adecuados de funcionalidad. - Material ajustado a su nivel de competencia curricular, con tareas estructuradas e ilustraciones sencillas y atractivas. - Lectura de códigos, pictogramas o cualesquiera signos para su mejor desenvolvimiento en el entorno. - Metodología lectoescritora individualizada, de adquisición y desarrollo basados en una integración auditivo-lingüística y visual.

Cuadro 8. Necesidades Educativas Especiales y desarrollo de capacidades y competencias básicas II.

CAPÍTULO 4.

ASPECTOS GENERALES EN LA EVALUACIÓN DE LA DISCAPACIDAD INTELECTUAL.

4. 1. GENERALIDADES SOBRE LA ESTRUCTURA Y FUNCIONAMIENTO MENTALES.

La mente es una propiedad adquirida por un cerebro complejo para controlarse a sí mismo, lo que implica una capacidad de integración de procesos y de funciones, con resultado o conjunción de experiencias y de conocimientos; de ahí que, tratar el tema de la mente, sea hacerlo sobre funciones y procesos mentales, su estructura y organización. En las ciencias cognitivas (tabla 1), como han apuntado García-García (2001) y García-García y Carpintero (2002), se plantea un debate entre teorías constructivistas y teorías modulares de la mente, debate en el que se trataría de dilucidar si la mente constituye un sistema unitario, por el que se capta, procesa y resuelve cualquier tipo de problema, sea ésta del carácter que sea, o bien, tratamos de la mente como un conjunto de procesos y sistemas especializados, en resolver diferentes tipos de problemas, con competencia distinta en función del área que operan.

Modelos teóricos sobre la mente	
Concepción unitaria y general	*Concepción modular*
- Estructura o sistema de carácter general, independiente y, a la vez, competente, en cualquier área o contenido de ejecución. - Capacidad que se va completando con la experiencia y aprendizajes. - Comparación mente – ordenador, como procesador de propósito general, sin especificaciones ni restricciones. - *Psicología cognitiva computacional, Epistemología genética (Piaget), Psicología histórico-cultura (Vygotsky).Constructivismo.*	- Conjunto de módulos especializados, sistemas funcionales, memorias diversas, inteligencias múltiples. - Cada módulo es específico y responsable de un proceso o actividad. - A lo largo del proceso evolutivo, se conforman estructuras cognitivas especializadas en el tratamiento de la información y resolución de problemas en ámbitos distintos (físico, social, personal). - *Modularidad de la mente (Fodor); Inteligencias Múltiples (Gadner); Redescripción Representacional (Karmiloff-Smith).*

Tabla 1. Modelos teóricos generales sobre la mente. (Adaptado de García-García, 2005).

Desde el análisis de la teoría de Fodor (1983), y siguiendo a García-García (2001), se puede desarrollar una interesante comparación entre dos concepciones de la mente, con la metáfora de la navaja clásica o la de multiuso (tabla 1). La teoría tradicional de la mente, como propósito general o arquitectura horizontal, considera la mente como una herramienta de utilidad general, a modo de la clásica «navaja de Albacete», multifuncional y multiuso, que opera con cualquier tipo de información o problema. Para la concepción modular, la mente es más bien como una «navaja suiza», compuesta por multitud de componentes y herramientas especializadas en tareas muy específicas (dominios específicos) como sacacorchos, tijeras, destornillador, cuchillo, tenedor, etc. Esta estructura modular de la «navaja suiza», es una buena analogía para ilustrar la organización modular de la mente, resultado de un largo proceso filogenético, en el que han aparecido sucesivas estructuras y mecanismos para enfrentarse a problemas distintos, para adaptarse, sobrevivir y dejar descendencia (García García, 2001).

Sin entrar en controversias de modularidad – holismo de la mente, aceptamos, por las implicaciones sobre la discapacidad intelectual y su intervención psicopedagógica, que la mente - cerebro, como sistema complejo, es resultado evolutivo de conformación modular en una integración con sistemas centrales. De esta forma, de acuerdo con Fodor (1986, 2003), la arquitectura funcional de la mente, está formada por facultades horizontales más holísticas o centrales, y facultades verticales o más modulares, que están especializadas en percibir y procesar informaciones pertenecientes a dominios específicos, sean sonidos verbales, musicales, caras... (tabla 2). Para Fodor (2003), cabe esperar grandes avances en el conocimiento científico de la arquitectura modular de la mente, pero respecto al conocimiento riguroso de los sistemas centrales es radicalmente pesimista, al estimar que el conocimiento científico del pensamiento, la inteligencia, la imaginación, la creatividad, o la resolución de problemas, será muy difícil o hasta imposible.

Arquitectura funcional de la mente	
Sistemas Modulares.	*Sistemas Centrales.*
- Estructura y funcionamiento de modo independiente y separado, como los sistemas de entrada (vista oído, tacto,...) y el lenguaje. - Biológicamente realizados en estructuras cerebrales muy diferenciadas. Están innatamente programados. - Funcionamiento de mayor rapidez. - Procesamiento de la información de forma encapsulada y cerrada a las informaciones de otros módulos.	- Estructura marco en la que se integrarían los procesos y funciones, con resultados de unión informativa y de operatividad ejecutiva. - Base neuronal muy distribuida en el cerebro, difícil de identificar. - Más abiertos a los aprendizajes. - Funcionamiento más lento. - Integran la información de módulos diversos y del mundo exterior con la registrada en las memorias del individuo (procesamiento no encapsulado).

Tabla 2. Estructura y funcionamiento de los Sistemas Modulares y Centrales.

Cada sistema modular procesa, de forma encapsulada, rápida y automática, las informaciones específicas, que pasan a un nivel de representación en un formato común, adecuado para el sistema central, que es de dominio general y procesa la información procedente de diversos módulos. Este sistema central también recibe información de los diferentes tipos de memorias del sujeto, integrando informaciones provenientes de los sistemas modulares perceptivos con las informaciones almacenadas. El sistema central frecuentemente, actúa a nivel consciente, mientras que los sistemas modulares son impenetrables a la conciencia. El sistema central posibilita la interpretación de la realidad, las creencias, los objetivos y metas de las acciones. A través de los módulos se procesa la información de entrada o la percepción del mundo y del propio cuerpo, el lenguaje y posiblemente procesos de salida, vinculados al control de la acción en movimientos rápidos, balísticos. En cambio, los procesos cognitivos como la categorización, el razonamiento, la formación de creencias, la toma de decisiones, etc., se llevan a cabo en sistemas centrales, no modulares o de dominio general, no encapsulados, no obligatorios, no innatos.

¿Cuál es el concepto predominante de la mente en un ámbito psicopedagógico, en su acercamiento a la discapacidad intelectual? En general, las teorías psicológicas que han fundamentado el desarrollo educativo, particularmente en la Educación Especial, han conceptualizado la mente como una capacidad de dominio general, de ahí que la discapacidad intelectual, se explique como efecto de una limitación o disfunción de una capacidad intelectual general.

¿Qué nos aporta este acercamiento psiconeurológico y cognitivo al área del retraso mental? En principio, en la persona con discapacidad intelectual, su sistema mente – cerebro, se conforma de igual manera que el resto de la población, a la vez que nos explica su funcionamiento. En efecto, como se ha señalado en otro lugar (Luque y Romero, 2002), de forma general puede decirse que, en el funcionamiento cognitivo de la persona con discapacidad intelectual, se dan déficits en las funciones perceptivas, atencionales, de memoria y razonamiento, así como en sus relaciones y procesos y en las estrategias de afrontamiento, canalización y elaboración de la información. El déficit no sólo se sitúa en una estructura, sino en sus parámetros de velocidad y eficacia, valorándose limitaciones o siendo menos adecuadas, las estrategias a aplicar, supuestamente ya adquiridas. Las disfunciones podrán ser debidas tanto a fallos en los módulos y conexiones, como a su integración con los sistemas centrales, con limitaciones de asociación entre elementos (signos, percepciones, conceptos...), menores rendimientos de procesamiento (juicio, razonamiento...). Pero, de forma paralela a los déficits, también debe apreciarse la coexistencia de habilidades, la eficacia de algunos módulos (perceptivos, de memoria...), la adecuada valoración de situaciones...,

Si el desarrollo cognitivo pudiera representarse de forma simple, en una línea recta como marcadora de una dirección evolutiva, en la actividad mental de la persona con discapacidad intelectual, se podría explicar por los aspectos de oscilaciones, lentitud, estancamiento o continuidad en su funcionamiento, que lo hacen distinto, pero adecuado a su estructura y organización neurocognitivas. Este funcionamiento (cuadro 1) conlleva una falta de regulación entre las diversas actividades, debido a una menor flexibilidad e interacción de las funciones mentales en general, pudiendo hablarse de un déficit de regulación mental (Hagen, Barclay, y Schewethelm, 1984).

- Déficits en las funciones perceptivas, atencionales, de memoria y razonamiento, así como en sus relaciones y procesos y en las estrategias de afrontamiento, canalización y elaboración de la información.
- Estructura y parámetros de velocidad y eficacia, valorándose menos adecuadas, las estrategias a aplicar, supuestamente ya adquiridas.
- Actividad mental explicada por aspectos de oscilaciones, lentitud, estancamiento o continuidad en su funcionamiento (estructura y organización neurocognitivas).
- Falta de regulación entre las diversas actividades, debido a menor flexibilidad e interacción de las funciones mentales en general (déficit de regulación mental).

Cuadro 1. Algunas características del funcionamiento cognitivo en la discapacidad intelectual. (Adaptado de Hagen, Barclay, y Schewethelm, 1984).

Se nos hace evidente que el funcionamiento mental debe ser evaluado en sus diversas áreas y funciones mentales globales (consciencia, orientación, intelectuales, psicosociales, temperamento y personalidad, energía e impulso, del sueño), o funciones mentales específicas (atención, memoria, funciones psicomotoras, emocionales, de la percepción, del pensamiento, del lenguaje, del cálculo,...), aunque sea habitual centrar la valoración psicológica y pedagógica en la evaluación de la inteligencia, definida ésta como capacidad que se pone a prueba en la respuesta de los individuos a tests cognitivos. En este sentido, las pruebas están dirigidas hacia la evaluación y medición de una facultad general, o *factor G,* a la vez que un elenco de aptitudes y otras capacidades que, en su integración se relacionarían con cierta dependencia jerárquica de aquél.

En efecto, se ha pretendido evaluar la inteligencia, tratando de seleccionar aspectos representativos, eliminando aquellos otros considerados no específicos, o menos típicos de la inteligencia, generando confusión entre medición de aptitudes o de capacidad general. Existe además, el riesgo de minimizar el análisis de la inteligencia, no sólo a lo que expongan los resultados de pruebas, sino reduciéndolo más aún, a lo expresado por índices de C. I., esto es, confundir valores de aspectos cognitivos (atención, memoria auditiva o visual, coordinación motora,...) que, en una media matemática, aporta información sobre el funcionamiento mental. A este análisis de estructura, sin duda de importancia básica en la evaluación cognitiva, le falta otro de procesos, funciones y habilidades, que aporten un conocimiento integrado del complejo sistema mental. En suma, en la evaluación cognitiva de la persona con discapacidad intelectual, se pone de manifiesto ese riesgo de valorar las aptitudes determinadas del test, presuponiendo un perfil claro de deficiencias, sin observar un desarrollo de capacidades y habilidades que, profundice en el análisis del funcionamiento intelectual particular de la persona.

4. 2. EVALUACIÓN DEL FUNCIONAMIENTO COGNITIVO EN LA DISCAPACIDAD INTELECTUAL.

Por inteligencia entendemos una capacidad mental general necesaria para el pensamiento, la actuación con intencionalidad, el aprendizaje y la comprensión y la adaptación al entorno. Definición con la que se pretendería aunar puntos de vista teóricos, buscando una integración de una inteligencia general, con factores o habilidades, a modo de conjunción entre el modelo triárquico de Sternberg (1988) (habilidades analíticas, creatividad e inteligencia práctica) y el de Greenspan y cols. (Greenspan y Love, 1996; Greenspan, Switzky y Granfield, 1996) de inteligencia conceptual, inteligencia práctica e inteligencia social. De acuerdo con esa base de partida, parece estar fuera de duda que, la Inteligencia, es menos monolítica o jerarquizada y más una capacidad multidimensional, lo que nos sitúa tanto en la complejidad de sus análisis teórico, como en el de su medición. En efecto, ya sea debido a la existencia de las diversas teorías cognitivas, como a lo problemático de algunas en hacer operativas las tareas para cuantificar sus constructos (desarrollo de instrumentos adecuados) o también a elementos de fiabilidad de las pruebas, lo cierto es la complejidad de la elaboración de instrumentos válidos y fiables, para la medición de una concepción de inteligencia más amplia, y susceptible de abarcar e integrar aspectos cognitivo - conceptuales, práctico - instrumentales, sociomorales y afectivos.

Con independencia de aspectos teóricos, la evaluación de la Inteligencia por pruebas de C. I., sigue siendo la mejor forma de valorar el funcionamiento intelectual, y ello, a pesar de su utilización excesiva, de aplicarse sin considerar los contextos adecuados o de bastante academicismo en contenidos y objetivos. A pesar de ello, partimos de que el C. I. es una estimación fiable de la Inteligencia (como capacidad general) y en consecuencia, un buen criterio para el diagnóstico de una discapacidad intelectual. Ciertamente no es una base de partida exclusiva, aunque sí lógica y razonablemente válida para el diagnóstico y clasificación. De un lado, debe aclararse el concepto y estructura de la inteligencia, así como el papel que ésta representa en la personalidad y vida del individuo. De otro, el manejo y desenvolvimiento que tiene la persona, en su relación con el contexto próximo y las habilidades que desarrolla. En todo caso, la medición del C.I. con sus precisiones y adecuado proceso de evaluación, ofrece garantías para el diagnóstico de discapacidad intelectual.

Buena parte de los tests de inteligencia, aunque clasifiquen con sus baremos a los sujetos evaluados, no se elaboraron pensando en los extremos de medición. En este sentido debe reconocerse que un instrumento psicométrico es válido y fiable, eficaz en suma, cuando al usarse en personas con puntuaciones situadas entre 2 o 3 desviaciones en torno a la media, mide bien.

El retraso mental es, obviamente, una situación que ha de valorarse en una posición y rendimiento, extremos. Como apunta Kaufman (1994), el mismo Wechsler afirmaba que no hizo su escala, para que ésta se utilizase en sujetos alejados de la media, lo mismo podría decirse de la primera Escala de Binet, la de Stanford-Binet u otras. Paradójicamente, estas escalas se usan para el diagnóstico de esas personas con limitaciones y de retraso mental en particular.

Lo anterior nos sitúa en la reflexión sobre el análisis de las puntuaciones extremas, como más sujetas a la valoración del error de medida y al reconocimiento de menor fiabilidad, que las puntuaciones de alrededor de la media. En esta reflexión, puede admitirse que, un diagnóstico de discapacidad intelectual, sólo por puntuaciones de CI, implica probabilidad de una medición menos ajustada, por lo que puede comprenderse la importancia y conveniencia de otra medida, la de Conducta Adaptativa, para afinar o completar, el funcionamiento cognitivo de la persona y garantizar así su diagnóstico.

En la evaluación del funcionamiento cognitivo, desde puntos de vista psicológico y pedagógico, es conocido que las puntuaciones de un test deberían aceptarse dentro de un rango o intervalo, en el cual estará la mayor probabilidad de encontrar la puntuación verdadera; visión que, de forma habitual, debe contrarrestarse con la tendencia a hacerlo sólo en puntuaciones únicas. Sin duda, en esta cuantificación es de gran importancia la concesión de mayor o menor valor a los márgenes de error, ya que en éstos y en las puntuaciones, se encontrará más ajustada la actuación del examinador, contemplándose así las variaciones debidas a la prueba y en su ejecución, al examinador, etc. Variabilidad que puede ser representativa en el funcionamiento propio de la persona, o bien de cambios debidos a factores ajenos al mismo, de aquí que deban ser tenidos en cuenta en la interpretación de los resultados. Psicométricamente esto es conceptuado por el *error típico de medida* (*etm*), en el que nos detendremos para su mejor conocimiento.

El *etm* se refiere al rango de puntuaciones de máxima probabilidad de situar la puntuación verdadera, obtenida de los resultados en la ejecución de un test. De manera general, para las pruebas de funcionamiento intelectual, con adecuados niveles de validez y fiabilidad, puede estimarse que, ese error, estaría entre 3 y 5 puntos. De esta forma, una persona que es examinada por segunda vez con el mismo instrumento, la nueva puntuación deberá situarse entre ± 3 – 5 puntos de CI de la primera vez (dos de cada tres).

Una puntuación de CI (o de CA) es de mayor ajuste al funcionamiento que mide de la persona, al situarse en esa zona o intervalo, siendo éste su margen de confianza o *etm*. Si una *etm* se asocia a un 66% de probabilidad (1σ) y 2 *etm* a un 95% (2σ), una puntuación de CI = 70, se situaría entre:1 *etm* (66 – 74), (66%) y 2 *etm* (62 – 78), (95%).

Esto, sin duda, supone un núcleo importante en esta reflexión sobre la interpretación y la decisión diagnósticas. El DSM-IV (2004), define el punto de corte significativo por debajo de 70, siempre referenciado al error de medida de la prueba (65 -75, en la escala de Wechsler). Por otro lado, la AAMR (Luckasson et Adls., 1992) propone el intervalo de 70 – 75, con el correspondiente error típico de medida. Se puede apreciar que los *etm* y los intervalos que conforman en torno a las puntuaciones de CI, son elementos garantes de una medición ajustada psicométricamente, así como un reconocimiento del funcionamiento cognitivo y personal – social de los sujetos.

En un abundamiento en esta cuestión, una puntuación de corte fija, con independencia de dónde la definamos, es relevante en tanto que determina el número de personas que se ubican a un lado u otro de la misma, pero también va a depender del test que se utilice, ya que, además de tener construcción y psicometría diferentes, sus medidas de identificación de población potencial de retraso y de puntuaciones de CI, serán distintas (tabla 3).

Escala Wechsler.	TONI – 2. Brown, Sherbenov y Johnsen.	K-BIT (Kaufman y Kaufman).	Escala Stanford – Binet.
(2,28%). 1.048.800	(2, 01). 924.600.	(2,12). 975.200	(3%). 1.380.000

Tabla 3. Identificación de población potencial de retraso, desde CI 70.

Para una población española de 46 millones de personas, los valores de la tabla van a reflejar subpoblaciones posibles de discapacidad intelectual distintas, con una diferencia entre los extremos de unos 332.200 sujetos. En conclusión, considerando el peso que supone la línea de separación, de un funcionamiento significativo por debajo del promedio, desde la que se argumenta el diagnóstico o no de retraso mental, tengamos en cuenta, tanto para el CI como para la CA, valores de intervalo o bien, si empleamos puntuaciones únicas, aceptar que esas puntuaciones son significativas de confianza al 95%, de que la puntuación verdadera está entre los extremos de ese intervalo. De acuerdo con Grossman (1988) y Schalock et Adls. (1993), este error de medida, debe tenerse en cuenta en los rangos de CI del retraso mental ligero (50/55 – 70/75) y del moderado (35/40 – 50/55), sobre los que se situarán las puntuaciones, dependiendo de la fiabilidad del test.

Podemos concluir que la evaluación del funcionamiento cognitivo, debe hacerse a través de escalas basadas en la medición del CI, entendida ésta como análisis de la capacidad y de las funciones mentales superiores, evaluación que lleva implícita la aceptación de algunos aspectos básicos:

a) Aplicación individualizada de los test o pruebas, debiendo ser éstas de elevados índices de validez y fiabilidad.

b) Las pruebas deben ser reputadas tanto científica como profesionalmente.

c) Interpretación ajustada a normas del test y al comportamiento del sujeto evaluado, en otras pruebas.

d) Integración de resultados cognitivos con los de otras evaluaciones.

e) Consideración y adaptación a las personas según sus déficits de audición, visión, movilidad o salud; o en función de los contextos social, cultural o lingüístico.

Dada la gran variedad de escalas de medición de capacidad o funcionamiento cognitivo, y sin menoscabo de sus correspondientes indicadores de bondad, validez y fiabilidad, tomaremos las Escalas de Wechsler y las de Matrices Progresivas de Raven, por entenderlas de amplio uso y en una aproximación reflexiva sobre las diversas pruebas de aplicación. Se entiende que la aplicación de la Escala de Wechsler se realiza con carácter de núcleo, pudiendo tener alguna de las otras, o ambas, un valor de complemento o *"barrido"* inicial.

4.2. 1. Escala de Wechsler y discapacidad intelectual.

Las Escalas de Wechsler son, desde su aparición, las baterías de evaluación de la inteligencia de uso generalizado entre los profesionales de la Psicología. Tanto en la Psicología Escolar, como en la Clínica, suponen un excelente instrumento para la evaluación individual de la inteligencia, lo que es preceptivo tanto en la valoración de posible discapacidad (Luque, 2010) como en la determinación de la necesidad de educación especial o de apoyo educativo (Luque, 2007). En concreto, la Escala de Inteligencia de Wechsler para Niños (WISC), se ha ido aplicando, baremando y reestructurando en España, desde la WISC de 1974, pasando por la WISC-R (1993), hasta llegar a la actual de WISC-IV (2005). Escala que, manteniendo los supuestos propios de su marco teórico original, presenta una estructura distinta a las anteriores, con la que actualiza sus bases teóricas como instrumento de evaluación, y reflejando así los cambios o nuevas perspectivas teóricas sobre la inteligencia (Zhu y Weiiss, 2005).

4. 2. 1. 1. La Escala de Wechsler y discapacidad intelectual.

Las Escalas de Wechsler (WIPPSI, WISC, WAIS), se presentan como instrumentos para la evaluación clínica de la capacidad intelectual en niños y adultos, que tiene su origen en la Escala de Wechsler-Bellevue de 1949 (1974 en España). La inteligencia es definida como *capacidad con una estructura jerárquica de aptitudes cognitivas que se agrupan en campos de mayor amplitud* (figura 1).

Figura 1. Inteligencia como estructura jerárquica.

A pesar de la bondad del instrumento, la evaluación del déficit o de las menores capacidades intelectuales, ha conllevado algunas dificultades, derivadas tanto de las restricciones de su aplicación para no afectar a la fiabilidad, como de las limitaciones de las pruebas en sí (artefacto en la baremación) o de la dificultad específica de las personas con limitaciones cognitivas en la realización de la prueba (Luque, Elósegui y Casquero, 2011); aspectos todos ellos en los que coinciden las diversas escalas cognitivas, en la valoración del extremo izquierdo de la curva de la inteligencia (Kail, 1992, 2000; Muñoz y Martínez, 2008).

Es aceptado por los Psicólogos Educativos que la aplicación de la Escala Wechsler a los alumnos con necesidades educativas especiales, debe adaptarse a sus circunstancias, lo que planteaba algunas dudas de carácter psicométrico en anteriores versiones, algo que finalmente, ha sido considerado y estudiado con interés en la actual WISC-IV (en sus anexos de estudio de poblaciones específicas de alumnado con dificultades).

En la Escala WISC, y al 95%, la puntuación verdadera de una persona, está entre ± 1,96 ETMs. Siendo su ETM de 3,2, entonces, para el CIT, se tendrá ETM = 6. De esta forma, un CI = 65, se situaría entre 59-71 como intervalo fiable al 95% para la discapacidad intelectual ligera.

- Depresión en el perfil de las escalas verbal y manipulativa (en todas las series de las Escalas de Wechsler) (Wechsler, 1991).

- Descenso en el rendimiento y ejecución de los test, lo que también se ha observado en otras pruebas de evaluación cognitiva (Kaufman y Kaufman, 2004).

- Las discrepancias entre el lenguaje y el rendimiento de niños con discapacidad intelectual, en general, no aporta más información para el pronóstico, más allá de la obtenida en la medida global de la capacidad cognitiva.

- Aunque no haya un perfil característico consistente en los casos de retraso mental, se puede apreciar que las personas con estas limitaciones, tienen más dificultad en test de *inteligencia cristalizada* (vocabulario, información, aritmética, semejanzas), teniendo puntuaciones mayores en Figuras Incompletas y Rompecabezas.

- No se observó una tendencia general, como grupo de baja aptitud, hacia un rendimiento mejor en los test manipulativos que en los verbales (Lichtenberger y Kaufman, 2004).

- Aunque el C. I. T., ha resultado ser una medida estable entre las personas con discapacidad intelectual, la estabilidad de sus tests y de sus diferencias entre CIV y CIM, no ha sido adecuada.

Si nos referimos a la Escala WISC-IV, podríamos reflexionar, para grupos de estudio de discapacidad intelectual ligera (DIL) de media 63 de

CI y de discapacidad intelectual moderada (DIM) de media 57, sobre los aspectos:

- Baja variabilidad en el rendimiento de los sujetos. La desviación típica de las puntuaciones compuestas osciló entre 9 – 11 CI en el grupo de DIL y entre 7 – 11, para los de DIM, siendo normal una desviación de 15 unidades en la población general.

- Pequeñas discrepancias entre las aptitudes verbales y las no verbales. Las diferencias medias entre CV y RP, son de 1,6 unidades y de 0,2 para leve y moderado. (Gráfico).

- Aunque no conformen un patrón específico en los tests de Wechsler, si puede observarse una consistencia en resultados de los tests más altos y bajos. Así, tanto para el grupo de DIL y DIM, los tres más altos eran *animales y adivinanzas* y los más bajos *vocabulario y aritmética.* Mientras que para el tercero en DIL era *búsqueda de símbolos* y en DIM, *semejanzas*. En los bajos, *matrices* para DIL y *comprensión* en DIM.

- Se podría expresar que se dan valores menores en conocimientos adquiridos, aptitudes cristalizadas (tests más bajos) y valores altos en atención visual. En cualquier caso, este patrón no sería indicador de discapacidad intelectual.

4. 2. 2. Prueba de Raven.

La prueba de Raven (cuadro 2), extendida por todo el mundo, desde hace más de 60 años, parte de una idea sobre evaluación, con un material de uso en el que hacer una educción de relaciones de una estructura incompleta. En España se introduce en la década de los 60 del pasado siglo, obteniendo una aceptación, aplicaciones y publicaciones de enorme interés, compitiendo con los test de Dominó, Terman-Merrill, Goodenough, Alexander, etc., como instrumentos indispensables para el examen de la inteligencia.

Durante todos estos años de su historia (internacional y española), las RPM han tenido algunas revisiones y se han construido dos nuevas series. La primitiva, de 1938, ha quedado como Raven General o SPM (Standard Progressive Matrices); luego le siguió el Raven Color o CPM (Coloured Progressive Matrices, de 1947), para su aplicación a niños o a personas mayores con deficiencias, surgiendo en el mismo año, el Raven Superior o Avanzado, APM (Advanced Progressive Matrices).

Test de Raven
Nombre original: «Coloured Progressive Matrices Sets A, Ab, B», «StandardProgressive Matrices Sets A, B, C, D & E» y «Advanced Progressive MatricesSets I & II».
Autor: J. C. Raven.
Procedencia: J. C. Raven Ltd., Gran Bretaña. Estudios españoles: Varios autores. Administración: Individual y colectiva. Duración: Variable, entre 40 y 90 minutos. Aplicación: Niños, adolescentes y adultos.
Significación: Medida de capacidad de educción de relaciones, uno de los componentes principales de la inteligencia general y del factor 'g'.
Tipificación: Baremos en centiles y puntuaciones típicas, en grupos de edad (niños), cursos (adolescentes), estudios (universitarios) y población general (adultos).

Cuadro2. Ficha técnica de la prueba de Raven.

El test de Raven está destinado a medir la capacidad de educción de relaciones, y ésta implica la aptitud para dar sentido a un material desorganizado o confuso, manejando constructos claramente no verbales, que facilitan la captación de una estructura compleja. Estaría en la línea de la percepción simple de algo que es obvio, considerándose un tipo de intuición o percepción global de la solución del problema planteado, teniendo en cuenta que la capacidad de absorber información depende a menudo, de la habilidad para encontrar significado en un conjunto confuso de datos.

En su aplicación a las personas con discapacidad intelectual, esta capacidad educativa, nos puede proporcionar, en primer lugar, el grado de percepción contextual o la impresión holística o gestáltica que tiene sobre la información presentada (construcción o esquema de la realidad). En segundo lugar, como capta la esencia del conjunto y las implicaciones que tienen unas partes en otras para, finalmente, como integrar ese todo como un problema. En nuestro caso, la persona con discapacidad intelectual, al igual que el resto de la población, si no actúa desde un análisis para captar el problema como un conjunto, entonces intentará completar el espacio vacío con cada una de las partes o alternativas de respuesta. Esto podría explicar la dificultad que tiene el sujeto al contestar sobre la tarea realizada, ya que el proceso no tiene normalmente una verbalización sencilla, puesto que el sujeto opera a golpes de intuición, de visión rápida del problema y de su solución.

Desde marco los test de Raven no son una medida del *factor G* ni tampoco de *inteligencia general*, aunque sí una de las mejores estimaciones de ellos, porque la capacidad educativa está en la base de estos constructos. Definida pues como escala libre de influjo cultural y de lenguaje, su valoración de la persona con D. I. es de alto interés, tanto en elementos de inicio como de complemento a otras evaluaciones de tipo cognitivo:

- Inicialmente, su interpretación puede tener un valor de aproximación o *"screenning"*, desde la que proporcionarnos aspectos de atención visual, organización, estructuración y discriminación perceptivo-visuales, niveles de abstracción y valoración global de inteligencia fluida.

- De forma complementaria, en una valoración más exhaustiva con otras pruebas, puede aportar valor asociado de capacidad general, así como de atención y concentración.

Empíricamente, de acuerdo a los Percentiles, podría aplicarse la regla 30/60, según la cual, resultados por debajo de un percentil 30, apuntarían más que a Inteligencia, a factores de atención y concentración. Por el contrario, puntajes superiores a P. C. 60, serían indicativos de una evaluación clara de capacidad intelectual, en la que se entienden niveles de atención adecuados. Esto es, en PC30 se tiene medición de función perceptiva-atencional y menos de CI, en PC60 se tiene medición clara de CI además de la función perceptiva.

INSTRUMENTOS O RECURSOS.	ÁREAS DE MEDICIÓN.	Observaciones.
ESCALAS DE WESCHLER: WPPSI, WISC, WAIS.	Capacidades cognitivas: Comprensión verbal razonamiento perceptivo, memoria de trabajo, velocidad de procesamiento,..	De 4 a 6 años. De 6 a 17. De 17 en adelante.
BATERÍA KAUFMAN DE EVALUACIÓN (K - ABC).	Pensamiento cognitivo temprano, indicando posibles necesidades de intervención. Indicadores de uso para la mejora de procesos madurativos. Grado de cognición en las áreas: Razonamiento verbal, retención, memoria, comunicación verbal.	Niños de 1 mes a 4 años y personas con discapacidad intelectual de todas las edades.
ESCALA DE INTELIGENCIA STANFORD-BINET (TERMAN-MERRILL).	Evaluación de inteligencia y de habilidades cognitivas: Razonamiento fluido; conocimientos; razonamiento cuantitativo; procesamiento viso-espacial; memoria de trabajo.	Aplicación individual. De 2 a 85 años. Tiempo en torno a 5 minutos por prueba.
ESCALA MANIPULATIVA INTERNACIONAL LEITER – REVISADA.	Inteligencia. Visualización. Razonamiento. Atención. Memoria.	De 2 a 20 años 11 m.
ESCALA MCCARTHY.	Aptitudes y psicomotricidad. Índice general cognitivo.	De 2 ½ a 8 ½.
TONI – 2. Test de Inteligencia no verbal. (Ed. TEA).	Funcionamiento intelectual a través de problemas abstractos de tipo gráfico.	De 5 años a 85 a.
Escala de Inteligencia Merril-Palmer.	Aspectos visomotores, de aprendizaje y de resolución de problemas, usando materiales lúdicos y atractivos para niños. Especialmente útil para prematuros. Proporciona puntuaciones global y por áreas: Cognitiva; Comunicación – Lenguaje; Motora; Desarrollo social – Emocional; Autoayuda - Adaptativa.	Niños de 1 mes a 6,5 años. Aplicación individual. Tiempo: En torno a 45 minutos.

Cuadro 3. Algunas escalas o pruebas de evaluación de inteligencia.

4. 3. EVALUACIÓN DE LA CONDUCTA ADAPTATIVA.

Aceptamos que el desarrollo de las capacidades y las habilidades de los individuos, tiene lugar en un determinado medio (interacción persona – situación), y nos asentamos en el desempeño de la persona sobre los recursos y estructuras del contexto. De aquí que la discapacidad no deba de apreciarse desde una visión individual o intrasujeto (restricción o ausencia debida a una deficiencia), tal y como se establecía en la Clasificación Internacional de Deficiencias, Discapacidad y Minusvalía (OMS, 1983), sino desde valores de interacción social, compensación, de integración, igualdad y apoyo, o lo que es lo mismo, desde una concepción ecológica, en la que discapacidad, se define desde la interacción persona-ambiente y no desde su falta de adaptación.

4. 3. 1. Aspectos definitorios y conceptuales.

La conducta adaptativa se refiere al *conjunto de habilidades conceptuales, sociales y prácticas, que han sido aprendidas por las personas para funcionar en sus vidas diarias* (AAMR, 2002). Su evaluación es útil y necesaria tanto para el diagnóstico y clasificación como en la planificación de apoyos, por lo que esa evaluación requerirá de instrumentos psicométricamente válidos, centrados en las áreas conceptual, social y práctica, además de estar estandarizados sobre grupos de personas con y sin retraso mental (AAMR, 2002). En este sentido se podría remarcar que en la conducta adaptativa, se expresan habilidades relevantes a aprender y ejecutar, y no sólo de adquisición, ya que las limitaciones en la adaptación pueden deberse a un déficit de adquisición (no saber cómo realizar la habilidad), a un déficit de ejecución o desempeño (no saber cuándo o como utilizar lo aprendido) o bien a una modalidad de déficit de ejecución debida a factores de motivación o interés en el desarrollo de la habilidad. En una persona con una capacidad intelectual limitada, tanto los déficits de adquisición como los de ejecución, pueden atribuirse a discapacidad intelectual.

Existe un amplio acuerdo en los dominios de habilidades, aunque su evaluación se hace a veces compleja, por la dificultad de medición de algunas habilidades, el número de conductas representativas a medir, o la dificultad en escalas de medida y sus aspectos de validez y fiabilidad. En cualquier caso, su evaluación es necesaria y requisito indispensable para el diagnóstico de discapacidad intelectual y para la clasificación de ligera en particular, por lo que a recursos y apoyos pueda proponerse.

Comunicación. Habilidades como la capacidad de comprender y expresar información a través de conductas simbólicas (palabra hablada, escrita/ortográfica, símbolos gráficos, lenguaje signado, sistema dactilológico) o conductas no simbólicas (expresión facial, movimiento corporal, tocar, gestos). Ejemplos: capacidad de comprender o aceptar una petición, una emoción, un comentario, una protesta,…

Cuidado Personal. Habilidades relacionadas con el aseo, comida, vestido, higiene y apariencia personal.

Vida en el hogar. Habilidades relacionadas con el funcionamiento dentro del hogar, que incluyen el cuidado de la ropa, tareas del hogar, mantenimiento adecuado, preparación y cocinado de comidas, planificación y presupuesto de la compra, seguridad en el hogar y planificación diaria. Se pueden considerar asociadas las habilidades de orientación y conducta en el hogar y en el vecindario, la comunicación de preferencias y necesidades, interacción social y la aplicación de habilidades académicas funcionales en el hogar.

Habilidades sociales. Habilidades relacionadas con intercambios sociales con otras personas, incluyendo iniciar, mantener y finalizar una interacción con otros; comprender y responder a los indicios situacionales pertinentes; reconocer sentimientos, proporcionar retroalimentación positiva y negativa; regular la propia conducta; ser consciente de los iguales y de la aceptación de éstos; calibrar la cantidad y el tipo de interacción a mantener con otros; ayudar a otros; hacer y mantener amistades y amor; responder a las demandas de los demás; elegir; compartir; entender el significado de la honestidad y de la imparcialidad; controlar los impulsos; adecuar la conducta a las leyes; mostrar un comportamiento sociosexual adecuado.

Utilización de la Comunidad. Habilidades relacionadas con la utilización adecuada de los recursos de la comunidad, que incluyen el transporte; comprar en tiendas y en grandes almacenes y supermercados; comprar u obtener servicios de otros negocios de la comunidad (gasolineras, tiendas particulares, consultas médicas,…); asistir a centros religiosos; utilizar el transporte público y otros servicios como escuelas, librerías, parques,…. Se le asocian habilidades de comportamiento en la comunidad, comunicación de preferencias y necesidades, interacción social y habilidades académicas funcionales.

Cuadro 4. Propuesta de la AAMR, en cuanto a habilidades, para la evaluación de la Discapacidad Intelectual.

Aunque desde la versión de 2002 se estructurase en las áreas conceptual, social y práctica, podríamos considerar como base de acuerdo en las habilidades, la propuesta por la AAMR (1992): *Comunicación, cuidado personal (autocuidado), vida en el hogar, habilidades sociales, utilización de la comunidad, autodirección, salud y seguridad, habilidades académicas funcionales, uso de tiempo libre y trabajo* (cuadro5).

Autodirección o autorregulación. Habilidades relacionadas con elegir, aprender y seguir horarios; iniciar actividades adecuadas a la situación, condiciones, horarios e intereses interpersonales; acabar las tareas necesarias o exigidas; buscar ayuda cuando lo necesite; resolver problemas en situaciones familiares y novedosas; demostrar asertividad y habilidades de autodefensa.

Salud y Seguridad. Habilidades relacionadas con el mantenimiento de la salud en términos de comer, reconocer cuando se está enfermo, tratamiento y prevención, primeros auxilios, sexualidad, estado físico, consideraciones básicas sobre seguridad; chequeos médicos y dentales regulares y hábitos personales.

Contenidos escolares funcionales. Capacidades cognitivas y habilidades relacionadas con aprendizajes escolares que tienen también aplicación directa en la vida personal (escritura, lectura, conceptos matemáticos básicos, ciencias sociales,…). El área no se centra en alcanzar determinados niveles académicos, sino adquirir habilidades académicas funcionales en términos de vida independiente.

Ocio. Habilidades relacionadas con elegir y seguir los intereses propios, utilizar y disfrutar de las posibilidades de ocio en el hogar y la comunidad, solo y con otros; jugar socialmente con otros, respetar turno, finalizar o rechazar actividades de ocio y recreativos, ampliar la duración de la participación y aumentar el repertorio de intereses, conocimientos y habilidades.

Trabajo. Habilidades relacionadas con tener un trabajo en la comunidad, en el sentido de mostrar habilidades laborales específicas, conducta social apropiada y habilidades relacionadas con el trabajo (finalizar tareas, conocer horarios, manejar dinero, buscar ayuda, prepararse para trabajar, mostrar control personal mientras se está en el trabajo,…).

Cuadro 5. Definiciones de las áreas de habilidades (tomado de AAMR, 1992).

4. 3. 2. Aspectos relevantes de la conducta adaptativa en su diagnóstico.

En la evolución de la conducta adaptativa se debe considerar su carácter multidimensional, estructurado en áreas de habilidades conceptual, social y práctica. Ello nos lleva a observar que esta conducta será de valoración compleja, entre otros aspectos, porque no hay una medida completa de evaluación, que abarque todos sus dominios. En la variedad de escalas pueden darse énfasis distintos en unos u otros aspectos, haciéndose preciso el uso o bien de otras escalas o bien de medios de observación directa, a través de familiares o personas allegadas, valoración de situaciones, etc. En este sentido, al igual que en la medida de la capacidad intelectual, no todos los instrumentos de su medida reflejan lo que se considera inteligencia, la valoración de la conducta adaptativa precisará de información adicional a los test o pruebas estandarizadas. El juicio clínico podrá tener importancia para la obtención de información.

Aunque la conducta adaptativa se valore desde las áreas, conceptual, social y práctica, no por ello se debe hacer caso omiso de las habilidades propuestas en la definición de 1992. Si éstas son más definidas y concretas, aquéllas pueden ser más consistentes, siempre que se haga uso de instrumentos precisos de medición. En cualquier caso, las limitaciones significativas de la conducta adaptativa, deben valorarse con escalas probadas y estandarizadas sobre la población general (personas con y sin discapacidad). Limitaciones que se definen operativamente como la ejecución y desempeño, al menos dos desviaciones típicas por debajo de la media, en una o más puntuaciones de los tres tipos de conducta adaptativa, o bien en una puntuación general, teniendo en cuenta el error típico de medida. Se asume que, si una persona no tiene limitaciones significativas en la adquisición o desempeño de la conducta adaptativa, el diagnóstico de discapacidad intelectual no es de aplicación.

- Constructo multidimensional enmarcado en un modelo conceptual con tres áreas generales de habilidades de adaptación: conceptual, social y práctica.
- No se da una medida en la evaluación de la conducta que mida completamente todos los dominios de la conducta adaptativa.
- Las limitaciones en la conducta adaptativa se generalizan a través de los dominios de habilidades conceptuales, sociales y prácticas. Dada la moderada correlación entre las subescalas de medida de la conducta adaptativa, se asume un déficit generalizado incluso si la puntuación en una sola dimensión, cumple el criterio de 2 ó más desviaciones típicas.
- Algunas conductas adaptativas son difíciles de medir o no están incluidas en los instrumentos estandarizados.
- Las habilidades intelectuales bajas pueden ser responsables de problemas, tanto en adquisición como en el desempeño de habilidades adaptativas.
- La evaluación sobre la conducta típica de la persona puede requerir más información que la sola aportada por test o exámenes formales. Será precisa información adicional.
- Una conducta problema inadaptada no debe considerarse una limitación en la conducta adaptativa, aunque pueda ser importante en la interpretación de las puntuaciones de la conducta adaptativa.
- La conducta adaptativa se debe examinar en contextos y periodos de desarrollo.
- La conducta adaptativa debe valorarse teniendo en cuenta las dimensiones del funcionamiento individual: Habilidades intelectuales; participación, interacciones y roles sociales; salud; contexto.

Cuadro 6. Aspectos relevantes de la conducta adaptativa.

Tanto la conducta adaptativa como la capacidad intelectual, no son más que dos aspectos de valoración, de entre otros muchos aspectos de análisis de una persona con discapacidad, por lo que de su consideración equilibrada de ambos, tanto el diagnóstico como la clasificación y planificación de recursos, serán más exhaustivos y precisos de la persona.

Resulta paradójico que, desde finales del siglo XIX y primeros del XX, los estudios que iniciaban y desarrollaban el constructo de retraso mental, no lo separaban de los conceptos de *juicio personal* (Binet y Simon), o la sensibilidad, la voluntad, el lenguaje… que podrían agruparse en el concepto de competencia social más que en el de menor ejecución o desarrollo intelectuales. Quizá el gran volumen de estudio y desarrollo de los test desde primeros del siglo XX, convirtiera la medición a través del CI, en predominante sobre la adaptación personal y social, quedando ésta en una posición de menor entidad que, desde la década de los ochenta del siglo XX, recupera a través de instrumentos y escalas de medición, tan necesarias como complementarias en la valoración y conceptualización de la discapacidad intelectual (cuadros 6 y 7).

- La evaluación debe hacerse teniendo en cuenta los propósitos de diagnóstico, clasificación o planificación de apoyos y servicios. Deben distinguir entre personas con y sin discapacidad, sus tipos de gravedad y necesidades.
- Hacer uso de escalas estandarizadas que aporten datos sobre personas con discapacidad intelectual.
- Instrumentos adecuados para la valoración de personas, considerando que su uso lo es para diversos ámbitos (educación especial, valoración laboral, social, legal,...).
- Revisión y actualización de instrumentos de medición, apreciándose sus valores psicométricos.
- Considerar la complementariedad de otros instrumentos y métodos de medida, dada la complejidad de la conducta observable, como la no total información de las escalas de medida.
- Evaluación y observación de otras personas que convivan y conozcan al sujeto de estudio.
- Armonizar las medidas de conducta adaptativa con el juicio clínico.
- Considerar en la evaluación de la conducta adaptativa, las influencias que pueda tener el hecho de otras discapacidades sensoriales o de movilidad, así como limitaciones por enfermedad o desventaja.
- Valorar las oportunidades o experiencias de participación social, variables de contexto y consideraciones socioculturales.
- Integración de datos.

Cuadro 6. Algunas consideraciones en la medición de conducta adaptativa.

4.3.3. Algunas escalas de medición.

Desde la década de los 70 del siglo XX, existen diversas escalas y medidas de observación de la conducta adaptativa, y, aunque no todas tengan los elementos normativos de fiabilidad, validez, o estandarización con muestras de personas sin discapacidad, han servido para afinar y conformar nuevos instrumento de medida (tabla 4).

Algunas escalas de medición
- Escala de Madurez Social de Vineland (Doll, 1965, trad. Aguilar, 1988).
- Escalas de Vineland de Conducta Adaptativa (Sparrow, Balla y Cichetti, 1984).
- Escalas de Conducta Adaptativa de la AAMR (ABS).
- Escala para la Evaluación del desarrollo Psicosocial (Hurting y Zazzo, 1971).
- West – Virginia y Universidad Autónoma de Madrid (WV-UAM). Martín, Márquez y Juan 1990).
- Guía Portage de Educación Preescolar (Bluma, Shearer, Forman y Hilliard, 1978).
- Inventarios para la Planificación de Servicios y la Planificación Individual (ICAP). Adaptado a España por Montero (1993).

Tabla 4. Evaluación de la conducta adaptativa.

Desde la base de que en una evaluación de la conducta adaptativa debe seleccionarse el instrumento o medida, de acuerdo a las especificidades de la persona en cuestión, se puede dirigir la reflexión previa de elección de acuerdo la tabla 4.

Cuestiones para el debate y la reflexión.

- ¿Qué significa una puntuación de 65 de CI?¿Qué relación tiene el juicio clínico con estas puntuaciones?

- Una alta correlación entre puntuaciones de CI y de CA, crea un proceso redundante, asegurando un mejor diagnóstico, ¿existen garantías totales de esta afirmación?

- Define la relación entre puntuación de CI y ETM.

- Calcula el porcentaje de población española que aborda la Escala Leiter, según su estructura psicométrica.

- ¿Por qué es necesario y conveniente la aplicación de dos pruebas de evaluación del C. I?

- Wechsler afirmaba que no hizo su escala, para que ésta se utilizase en sujetos alejados de la media, ¿Cómo se explica esta contradicción con su extendido uso para el diagnóstico de personas con limitaciones y de discapacidad intelectual en particular?

- Aunque no haya un perfil característico consistente en los casos de discapacidad intelectual, responde a la observación de que las personas con estas limitaciones, tienen más dificultad en test de *inteligencia cristalizada* (vocabulario, información, aritmética, semejanzas), teniendo puntuaciones mayores en Figuras Incompletas y Rompecabezas.

CAPÍTULO 5.

INTERVENCIÓN EN LA DISCAPACIDAD INTELECTUAL: ATENCIÓN TEMPRANA Y NECESIDADES ESPECÍFICAS DE APOYO EDUCATIVO.

La evaluación en un ámbito educativo, y sobre todo en la Atención Temprana, es un proceso que nos debe llevar a intervenir, apartándonos de una concepción de evaluación, exclusiva en resultado diagnóstico (con lo que de clasificación y estigma conlleva). Sin menoscabo de su elemento diagnóstico, necesario en su descripción y prescripción, la evaluación desde la primera infancia ha de considerar la organización evolutiva del niño, el desarrollo de sus potencialidades, en íntima conexión con sus características sociofamiliares y de contexto.

Recordemos que el desarrollo es un proceso dinámico de interacción organismo y medio, por el cual se tiene la maduración orgánica y funcional del sistema nervioso, la organización de funciones psíquicas y la estructuración de la personalidad. En conexión con ello, las dificultades o limitaciones en el desarrollo, pueden considerarse bien como un retraso o como un trastorno. Si el primer término hace alusión a una lentitud en la adquisición de las diferentes fases (que en algún caso, no llega a completarse), el de trastorno del desarrollo, se define como una desviación significativa de su curso, debido a causas del organismo (salud) o de relación, que comprometen la evolución biopsicosocial. Algunos de estos desfases o retrasos en el desarrollo pueden neutralizarse de forma espontánea, otros necesitan elementos de compensación y apoyo y algunos precisarán de ajustes más individualizados. En todo caso, la intervención que se haga, determinará la temporalidad, las intervenciones y los grados de apoyo.

La Intervención Temprana, como es sabido, consiste en un conjunto de servicios para niños y niñas con problemas o limitaciones en su desarrollo, niños en situación de alto riesgo y para sus familias. Esto implica la aplicación de programas y de tratamientos de estimulación, de fisioterapia, cognitivo, de lenguaje, familiar y de todo tipo de recursos y servicios oportunos, con objetivos de desarrollo individual, de participación escolar, social y comunitaria.

5. 1. INTERVENCIÓN EN ATENCIÓN TEMPRANA.

Con independencia del trastorno y de las características personales y sociales del niño o niña, en su persona tienen lugar procesos evolutivos en todos y cada uno de los aspectos que conforman su estructura personal, considerados tanto individualmente, como en su integración, superior y de mayor complejidad al de aquéllos, resultando en un grado de desarrollo ajustado a su propia historia y contextos. En consecuencia, dos aspectos básicos han de tenerse en cuenta, de cara a la intervención:

- Es necesario, aunque no suficiente, ese nivel de preparación psicobiológico o madurez, para el inicio y realización de cualquier aprendizaje.
- Ese desarrollo debe intervenirse para que la línea de progreso se encauce en los valores culturales y se refuerce o potencie el crecimiento de la persona.

Desde una visión de normalización, la intervención es global, esto es, resultado e integración de procesos de evaluación multidisciplinar y con objetivos de intervención en el desarrollo personal y social del alumno, de ahí que el diagnóstico resultante, no deba ser sólo descriptivo o clasificatorio, sino prescriptivo de acciones, recursos y apoyo, con fines de desarrollo de capacidades y compensación de limitaciones, en la línea de la normalización y de la integración social.

5. 1. 1. Acercamiento interdisciplinar.

En esta valoración, para obtener un acercamiento individualizado y pleno a la persona del alumno con discapacidad intelectual, son indispensables las evaluaciones psicológica, pedagógica, médica, logopédica, social y de recursos, en actuaciones de carácter interdisciplinar, con resultado integrado. Marco multiprofesional, con estructura y procedimiento de trabajo (cuadro 1), con objetivos de valoración plena de la persona (funcionamiento intelectual, habilidades adaptativas, participación, interacciones y roles sociales, salud y contexto). Se realiza así un diagnóstico de persona – situación, para fines de desarrollo de capacidades en lo personal y social.

\- Conocimiento del caso (recogida y ordenamiento de la información. \- Planteamiento de la evaluación (técnicas y procedimiento). \- Evaluación e integración de resultados. \- Valoración y diagnóstico. \- Propuestas de intervención y seguimiento.			
Salud – Integridad física	**Persona – Educación**	**Persona – Contextos**	**Servicios – Recursos**
Historial de salud. Somatometría. Agudeza visual y auditiva. Coordinación. Aspectos neurológicos. Otros.	Desarrollo e historia evolutiva. Funcionamiento intelectual. Desarrollo lingüístico. Aptitudes y rendimiento académico. Potencial de aprendizaje. Desarrollo personal.	Desarrollo sociopersonal. Estructura y relaciones familiares y sociales. Adaptación social. Recursos y control de servicios.	Análisis de necesidades especiales. Organización y estructuración de recursos. Coordinación de servicios.
Medicina	**Psicología Pedagogía Logopedia**	**Trabajo Social Psicología Pedagogía**	**Multiprofesional**
Integración evaluadora del alumno y contextos escolar y sociofamiliar: **VALORACIÓN EDUCATIVA.**			

Cuadro 1. Estructura y procedimiento de trabajo multidisciplinar (Luque, 2007).

5. 1. 2. Consideraciones sobre la evaluación y planificación de actuaciones.

En el niño o niña con discapacidad intelectual, debe tenerse en cuenta, a modo de estructura y planificación de las intervenciones:

- El carácter interdisciplinar de la valoración de sus capacidades y limitaciones, de forma que, en su integración, se dé una información plena y útil para el desarrollo personal y la satisfacción de sus necesidades educativas.

- El diagnóstico de discapacidad intelectual no determina el desarrollo educativo del alumno, sino que establece y detalla la atención educativa adecuada, los apoyos y recursos oportunos y, todo, para la compensación de sus limitaciones, el desarrollo de sus capacidades, en suma, la normalización de su vida.

- La evaluación debe hacerse tratando de abordar una integración de áreas: cognitiva, comunicación y lenguaje, motora, afectivo – emocional, familiar y psicosocial.

- La evaluación se dirige a objetivos de intervención, por lo que se tratará de hacer una descripción de la persona con discapacidad intelectual y su contexto, procurando funcionalidad y significación en su persona y situación. Se persigue un enfoque de intervención práctica, con diseño de programas y recursos, sin que ello sea contradictorio con un diagnóstico en su sentido clásico.

En suma, evaluamos áreas de desarrollo, que luego han de integrarse en un conjunto estructurado de actuaciones, de forma que esa conjunción sea superior a la simple suma de los resultados de las áreas. Esto es, los procesos de evaluación se convierten en entidades dinámicas con objetivos de actuación, cuyos resultados se entrelazan con los habidos en las otras áreas, conformando una estructura organizada de intervención para el desarrollo evolutivo del niño.

La evaluación en esta primera etapa de la vida, en general, y con más razón en los niños y niñas con discapacidad intelectual, se hace especialmente compleja, en la medida en que los métodos tradicionales (sobre todo el modelo psicométrico), son menos factibles y de menor fiabilidad en estos niños pequeños. Se corre el riesgo de no poder medir adecuadamente, la situación del niño o niña desde su perspectiva de crecimiento y de desarrollo potencial. A este respecto, podríamos considerar:

- Los instrumentos, test o pruebas, que se usan con niños y niñas con limitaciones, no se hicieron, ni se baremaron, pensando en ellos, sino en niños y niñas sin alteraciones ("normales"), con los que comparar – distinguir.

- Los cocientes de desarrollo, resultados de tests y pruebas, serán necesarios, en la medida que nos aporten una valoración de cómo el niño interactúa con su medio y cómo es su adaptación.

Instrumentos de evaluación del desarrollo
Escala de Evaluación de la Conducta del Recién Nacido de Brazelton.
Técnica de evaluación interactiva (adulto – neonato) con objetivos tanto de detección del déficit como de identificación de las capacidades emergentes del niño. Se obtiene con su aplicación un perfil de puntuaciones que permite detectar tanto una posible alteración o patología, como las potencialidades, limitaciones o puntos débiles, así como su particular manera de reaccionar ante el entorno (perfil de características conductuales). Consta de 28 ítems conductuales (valorados desde una escala de 9 puntos). Además de unos 18 ítems de reflejos, cada uno con una graduación de 4 puntos, que medirían un estado neurológico. Se añadieron 7 ítems suplementarios con la intención de captar mejor el grado de fragilidad y la calidad de la conducta de niños de alto riesgo. (De 0 a dos meses).
Escalas Bayley de Desarrollo Infantil.
Valora las áreas evolutivas del desarrollo infantil a través de Escalas: Cognitiva (Preferencia visual, atención, memoria, procesamiento sensoriomotor, exploración y manipulación, formación de conceptos), Motora (motricidad gruesa y fina) y de Lenguaje (Receptivo y expresivo). Aplicación individual (entre 30 y 90 minutos) de 1 a 42 meses.
Escala de Desarrollo Psicomotor de la Primera Infancia (Brunet – Lezine).
Evalúa cuatro áreas: Control postura y psicomotricidad, coordinación óculo-motriz y adaptación a objetos, Lenguaje; Relaciones sociales y personales. Es aplicable de 0 a 6 años. Resultados que se expresan en Edad de Desarrollo y Cociente de Desarrollo.

Escala de Desarrollo de Uzgiris y Hunt.
Evalúa el desarrollo sensorio-motor y se divide en siete subescalas: Seguimiento visual y permanencia del objeto; Desarrollo de medios para alcanzar fines; Imitación vocal; Imitación gestual; Causalidado peracional; Relaciones espaciales; Desarrollo de esquemas de acción. Es aplicable desde1 a 24 meses.
Inventario de Desarrollo Batelle.
Valora el nivel de desarrollo del niño y su progreso, en cinco áreas diferentes: **Personal - Social, Adaptativa, Motora, Comunicación y Cognitiva.** De 10 a 30 minutos (forma abreviada) y de 60 a 90 minutos la completa. De 0 a 95 meses.
Escalas McCarthy de Aptitudes y Psicomotricidad para Niños.
El objetivo principal es detectar posibles problemas de aprendizaje, de influencia en el rendimiento escolar. La batería consta de 18 subtests independientes agrupados en seis escalas: Verbal, Perceptivo-Manipulativa, Numérica, General Cognitiva y Memoria. El conjunto de las tres primeras escalas proporcionan el Índice General Cognitivo (GCI) Aplicable desde los 2 ½ a 8 ½ años.
Escala Reynell para evaluar el desarrollo del lenguaje.
Trata de medir el desarrollo del lenguaje (comprensión verbal y lenguaje expresivo). De aplicación individual, en edades de 18 meses a 7 años.
Escala Adaptativa de Wisconsin.
A través de unas edades de referencia, permite situar el nivel de desarrollo del niño en las áreas de : Juego y Socialización; Comida; Control de esfínteres; Vestido; Aseo (lavado de manos y cara, dientes, baño, peinado); Motora gruesa; Motora fina; Cognitiva; Lenguaje receptivo; Lenguaje expresivo. Se aplica desde 0 a 48-60 meses.
Batería de Kaufman para Niños (K-ABC).
Se conforma sobre 3 escalas, con un total de 16 tests: *Escala de Procesamiento simultáneo* (Ventana mágica, Reconocimiento de caras, Cierre gestáltico, Triángulos, Matrices análogas, Memoria espacial y Series de fotos), *Procesamiento secuencial* (Movimientos de manos, Repetición de números y Orden de palabra) y la de *Conocimientos* (Vocabulario expresivo, Caras y lugares, Aritmética, Adivinanzas, Lectura/decodificación y Lectura/comprensión). De aplicación entre 35 y 75 minutos, en edades de 2 ½ a 12 ½ años.

Cuadro 2. Instrumentos – Escalas de valoración del niño en su desarrollo.

Se hace necesario ampliar nuestra mirada evaluadora, no circunscribiéndola a situaciones de examen de consulta, extendiéndola a exploraciones en situaciones de juegos (en familia, con su madre o padre,...), en los contextos ordinarios del niño, recogiendo para ello información de familiares, profesores, del personal no docente, etc. En este sentido, pueden valorarse algunas Escalas de evaluación (cuadros 2 y 3), así como algunas otras de intervención con las familias.

Algunas formas de evaluación e intervención
Early NeuropsychologicOptimatily Rating Scales (ENORS).
24 ítems, que trata de evaluar la postura, el tono y el movimiento, así como los retrasos en el desarrollo. Una comparación de esta prueba (ENORS-9) con los indicadores de la Escala Bayley y un examen neurológico (administrados a los 9 y 36 meses), resultó en valores de sensibilidad más de tres veces mayor que las técnicas de evaluación más tradicionales (una puntuación ENORS-9 de corte de 85% para lo cognitivo y motor, y del 75% para los resultados neurológicos).
BayleyNeurodevelopmentalScreener (BINS).
Valoración de niños (entre 3 y 24 meses) con riesgo de deterioro neurológico o de trastorno en el desarrollo. Se administra entre 10 y 15 minutos y ofrece tres niveles de clasificación de riesgo por edad (intervalos de 1 mes).
NEPSY.
Permite una evaluación cognitiva específica del niño, a partir del análisis de 6 dominios cognitivos.
Según la ficha técnica, los resultados obtenidos aportarían información sobre trastornos infantiles típicos (TDAH, de lenguaje, autismo, daño cerebral o discapacidad intelectual)
Se compone de 32 pruebas, con las que se trata de evaluar: el funcionamiento ejecutivo, el lenguaje, la memoria y el aprendizaje, el funcionamiento sensoriomotor, la percepción - cognición social y el procesamiento visoespacial.
Una evaluación general precisaría de 45 minutos – 1 hora) y una completa de entre 90 minutos- 3 horas.
Cuestionarios – Escalas de intervención con las familias.
Inventario HOME para familias de niños pequeños y de edad preescolares (Caldwell y Bradley).
Escala de funcionamiento familiar de Deal, Trivette y Dunst.
Escala de evaluación de estilos de interacción de los padres, de Dunst.
Escala para evaluar las oportunidades de juego padres – hijos, de Dunst.
Cuestionario de recursos y estrés, de Friedrich, Greenberg y Crnic.
Escala de apoyo familiar, de Dunst, Jenkins y Trivette.

Cuadro 3. Otros Instrumentos – Escalas de valoración (Neuropsicológicas y de intervención familiar) del niño en su desarrollo.

5. 1.3. Objetivos de intervención.

Sólo con esa integración informativa y de previsión o planificación, se podrá intervenir en la organización evolutiva del niño o niña, conformando una integración dinámica de: capacidades y habilidades cognitivas, lingüísticas, de desarrollo psicomotor, afectivo emocional, habilidades de juego y respuesta al medio. En su planificación, y de acuerdo con Candel, (1998; 2015), los objetivos educativos, como en cualquier otro niño, deben girar en torno a:

- Favorecimiento del ajuste familiar, permitiendo la integración del niño.

- Fomento de adecuados patrones comunicativos, de modo que el niño pueda reaccionar a los estímulos del medio, a la vez que los padres disfruten ejerciendo sus papeles parentales.

- Mantenimiento de un ambiente rico, estimulante y estructurado que se dirija a objetivos de desarrollo integral.

- Intervención en los procesos de desarrollo madurativo del niño, para favorecer su autonomía e independencia.

- Guía PORTAGE de Educación Preescolar.
- Programa para el Desarrollo de la Percepción de Frostig.
- Ejercicios para la Adquisición de Conceptos (BOEHM).
- Currículum CAROLINA (Evaluación y Ejercicios para bebés y niños pequeños con necesidades especiales).
- Programa de Enriquecimiento Instrumental (Feuerstein).
- Programas de refuerzo cognitivo en Atención, Percepción y Memoria.
- Programas de estrategia ejecutiva (Sternberg).
- Programas psicolingüísticos.
- Programas Conductuales Alternativos (Verdugo).
- Programas de mejora de la Inteligencia.
- Programa Harvard.

Cuadro 4. Algunos programas de intervención en el desarrollo de niños pequeños.

Las diferencias en el aprendizaje o en el desarrollo evolutivo de los niños y niñas, deben considerarse una variación y no una desviación. Esto nos permite romper el círculo negativo del diagnóstico – estigma, situándonos en un modelo de intervención centrado en la persona del niño y de su evolución. De esta forma, ante un niño o una niña que presenta alguna limitación, del tipo que sea, la intervención en la Atención Temprana debe considerar (Luque y Luque-Rojas, 2015):

- La aceptación de su desarrollo como propio de una diversidad social, diversidad que no es mala o problemática, sino que debe ser respetada y es compatible con la calidad educativa, por lo tanto, no es necesario separar a los alumnos por el hecho de ser diferentes.

- El respeto a las diferencias individuales, referidas a capacidades, necesidades o características de aprendizaje, lleva implícito la eliminación de cualquier forma de discriminación.

- Reducir las barreras al aprendizaje, incluso el cambio del término *dificultad de aprendizaje* por el de *barreras al aprendizaje*, pasando así de una clave explicativa individual (sobre lo negativo de un diagnóstico), a otra clave explicativa de carácter social, de comprensión y apoyo.

5. 2. INTERVENCIÓN Y NECESIDADES ESPECÍFICAS DE APOYO.

De acuerdo con nuestra experiencia (Luque, 2008; Luque y Luque-Rojas, 2014), así como con el CREENA (2000), podríamos resumir en los cuadros siguientes (cuadros 5 y 6) las características y necesidades específicas del niño o niña con discapacidad intelectual (centrándonos en sus niveles de moderado y grave).

Como se ha señalado (Luque y Luque-Rojas, 2015), con el término de necesidades específicas de apoyo educativo debe entenderse un concepto complejo, en la medida que alude a una filosofía educativa de atención a todo el alumnado, con el reconocimiento de sus diferencias individuales y la adecuación de la respuesta educativa. Pero a la vez, es un término de desarrollo operativo de esa respuesta, en tanto que desde el conocimiento del alumno o alumna, pueden darse las planificaciones y desarrollos, personal, escolar, curricular o social. El término *neaes* hace énfasis en el contexto, servicios y apoyos, como elementos de una respuesta educativa específica y adecuada al alumnado, aplicado en la correcta asociación *alumnado- profesorado- recursos*, todo ello dentro de un ámbito integrador, normalizador y de cooperación.

CARACTERÍSTICAS	NECESIDADES ESPECÍFICAS
Corporales	
Probables asociaciones a alteraciones genéticas, neurológicas, metabolopatías, alteraciones congénitas,... Débil estado de salud, posibles enfermedades,...	Atenciones médica y farmacológica. Atención sanitaria con relación a posibles enfermedades, o cambios en su estado de salud.
Psicomotoras	
Desarrollo motor en determinado grado de desviación de lo normal. Dificultades motoras: alteración del tono muscular, menor movilidad voluntaria... Coordinación estática y dinámica imprecisa. Lentitud en el desarrollo motor, con dificultades en: - Adquisición de la conciencia progresiva de sí mismo. - Conocimiento del su cuerpo. - Control de las partes del cuerpo y de destrezas motoras. - Control postural y equilibrio corporal en los desplazamientos - Los movimientos manipulativos elementales (alcanzar, arrojar, soltar,...)	Tratamiento fisioterapéutico. Atención a cambios posturales (cuando hay disminución de la movilidad voluntaria). Hidroterapia (facilitación de movimientos y de sensaciones).

CARACTERÍSTICAS	NECESIDADES ESPECÍFICAS
Comunicación y Lenguaje	
Escasa intencionalidad comunicativa. Retraso en la adquisición del lenguaje (lenguaje comunicativo escaso durante los primeros años). Emisión tardía de las primeras palabras. Desarrollo fonológico que, siguiendo en general las mismas etapas que el niño normal, se afecta por omisiones, sustituciones... Simplificación del habla. Dificultades en la comprensión, adquisición y uso de los elementos morfosintácticos (género, número, tiempo y flexiones verbales). Retraso y lentitud en la adquisición del léxico. Posibilidad de uso funcional de lenguaje con vocabulario y estructuras sintácticas elementales. En algún caso, no adquiriendo un lenguaje oral funcional, puede beneficiarse de sistema aumentativo-alternativo de comunicación.	Desarrollo de habilidades de comunicación, potenciando los aspectos pragmáticos, con relación a la intencionalidad y a las funciones comunicativas básicas, en contextos significativos. Desarrollo progresivo de los aspectos semánticos, léxicos y morfosintácticos. Aprendizaje de un sistema aumentativo o alternativo de la comunicación si se considerarse oportuno.

Cuadro5. Características y necesidades específicas en los niños y niñas con discapacidad intelectual.

Es obvio que el desarrollo se da en todos los alumnos y alumnas, con independencia de sus características o limitaciones, siendo el sistema educativo, quien relaciona aprendizaje con etapas evolutivas, sus niveles de graduación y adecuación, en definitiva, de la enseñanza-aprendizaje. Quizá por ello, los niños y niñas en atención temprana y, posteriormente, el alumnado con neaes, deberá ser atendido con una mayor dimensión compensatoria en su desarrollo, tratándose su equilibrio y potenciación evolutiva. Por ello adquiere particular relevancia la cuestión del alumnado con discapacidad o trastornos del desarrollo, en la Etapa de Educación Infantil, convirtiéndose en el espacio y tiempo apropiados para una normalización, tanto personal, como educativa y social. En esta Etapa (de 0 a 6 años), cualquier intervención educativa (por consiguiente la de cualquier tipo de profesionales) debe estar guiada por los principios de normalidad e integración y con actitudes de aceptación, comprensión y apoyo.

CARACTERÍSTICAS	NECESIDADES ESPECÍFICAS
Cognitivas	
Distinto grado de limitación o trastorno en las funciones mentales básicas (atención, percepción, memoria, imitación). Dificultad en la abstracción y simbolización. Alteraciones en las funciones metacognitivas (autocontrol y planificación) para seguir los pasos lógicos en los procesos de aprendizaje. Dificultad en la anticipación de consecuencias y en el nexo causa – efecto. Limitaciones en el aprendizaje de experiencias de la vida cotidiana. Problemas en la generalización de aprendizajes.	Desarrollo de habilidades básicas de percepción, atención y memoria. Establecer relaciones de causa – efecto entre sus acciones y las consecuencias que producen en el medio. Ejercitar las capacidades de anticipación y predicción de sucesos habituales y rutinarios. Iniciar y mantener estrategias de generalización de aprendizajes.
De autonomía	
Lentitud en la adquisición de destrezas psicomotoras básicas para los hábitos de aseo, higiene, vestido y alimentación. Baja o escasa conciencia de sensaciones relacionadas con la higiene y aseo personales (conciencia de limpieza y suciedad).	Adquisición de habilidades relacionadas con aspectos básicos de aseo, higiene, vestido, alimentación,… a través de establecer rutinas y el uso de técnicas y estrategias específicas de enseñanza (modelado, moldeamiento, encadenamiento, …) Desarrollo sistemático de la percepción de sensaciones corporales relacionadas con el aseo y la higiene personal.
Desarrollo personal	
Pasividad y dependencia del adulto, en distinto grado. Menor grado de control de impulsos. Baja tolerancia a la frustración. Probable presencia de conductas autolesivas o de comportamientos estereotipados de carácter autoestimulatorio. Dificultades de adaptación a situaciones nuevas. Baja confianza en sí mismos y baja autoestima. Negativismo en determinado grado a las propuestas del adulto.	Percepción de sí mismo como persona diferenciada de otro. Establecer vínculos positivos con las personas significativas de su entorno. Desarrollo de sentimientos de autoeficacia, confianza en sí mismo y mejora de la autoestima. Desarrollo de habilidades comunicativas alternativas a conductas disruptivas que interfieren el aprendizaje. Ejercitar la capacidad de elección para favorecer la iniciativa personal.
Interacción social	
Menor iniciativa en las interacciones. Gran dependencia de los adultos. Dificultades de adaptación a personas no conocidas. Limitaciones en el aprendizaje espontáneo de habilidades sociales.	Participación activa en las diversas situaciones sociales (adultos e iguales). Desarrollo de habilidades sociales adaptadas a las situaciones. Desarrollo progresivo de habilidades de autocompetencia y de independencia personal.

Cuadro 6. Características y necesidades específicas en los niños y niñas con discapacidad intelectual.

Con esta guía, y a nivel operativo, debería considerarse un cuadro de evaluación (psicológico, pedagógico, médico, social,...) objetivo, personal y contextual, un asesoramiento con propuestas positivas a la familia y al profesorado, una intervención esperanzadora y unas expectativas de creencia en el desarrollo humano. De esta forma se desechan las valoraciones de predicción de dificultades, puesto que son tanto arriesgadas como innecesarias, cuando no injustas en edades tan tempranas, además de coartar e hipotecar cualquier proceso de enseñanza, precisamente en el alumno que más lo necesita. En consecuencia, superado el círculo negativo diagnóstico – estigma, deberá adoptarse un marco preventivo o de promoción, en el que se disponga, tras la detección y valoración, la planificación y desarrollo de programas, recursos y objetivos, dirigidos hacia el fin de desarrollo individual, en el que cualquier avance es significativo por elemental que pudiera parecer.

Apéndices.

GLOSARIO.

Accesibilidad: Tener acceso, paso o entrada a un lugar o actividad sin limitación alguna por razón de deficiencia, discapacidad, o minusvalía. Podemos hablar de varios tipos: Accesibilidad Arquitectónica: referida a edificios públicos y privados y Accesibilidad en la Comunicación: referida a la información individual y colectiva, principalmente.

Accesibilidad universal: Condición que deben cumplir los entornos, procesos, bienes, productos y servicios, así como los objetos o instrumentos, herramientas y dispositivos, para ser comprensibles, utilizables y practicables por todas las personas en condiciones de seguridad y comodidad y de la forma más autónoma y natural posible. Presupone la estrategia de "diseño para todos" y se entiende sin perjuicio de los ajustes razonables que deban adoptarse. (Definición tomada de la Ley 51/2003 de 2 de diciembre, de igualdad de oportunidades, no discriminación y accesibilidad universal de las personas con discapacidad, LIONDAU).

Afasia: Trastorno del lenguaje que afecta a la comprensión de lenguaje o de expresarse verbalmente o en forma escriba, debida a un daño cerebral en aquellas regiones de la corteza responsables de la función del lenguaje (Hynd y Cohen). Tipos: *Afasia de Broca o Motora*: El paciente presenta inhabilidad para la expresión a la hora de nombrar una palabra o un sonido, siendo su comprensión del lenguaje hablado normal. *Afasia de Wernicke o Sensorial*: Presenta dificultades en la comprensión, repetición, designación nominal, la lectura escritura. Su dicción es defectuosa y en algunos momentos incomprensible.

Agramatismo: Los pacientes presentan un lenguaje telegráfico. El sujeto tiene en su mente todo el mensaje, pero a la hora de expresarlo ofrece una organización sintáctica deficiente: presencia de los nombres, verbos y adjetivos, pero ausencia de los elementos de cohesión (preposiciones, conjunciones, artículos, etc.). Vulgarmente se considera "hablar como los indios".

Agnosia: Trastorno caracterizado por la inhabilidad para comprender el significado de la información sensorial. La percepción queda alterada, pero no la capacidad de recibir, por lo que no puede nombrar un objeto en tareas denominativas (como si se le hubiesen olvidado el nombre de las cosas), aunque reconocen los usos y funcionalidades de dicho objeto. Teóricamente, la agnosia puede afectar a cualquiera de los 5 sentidos, sin embargo, están más relacionadas con el lenguaje.

Análisis de la "Red Social": proceso de valoración de la cantidad y calidad de relaciones de apoyo, y de las tensiones y conflictos en esas relaciones referidas a una persona.

Atención: Capacidad para centrarse de manera persistente en un estímulo o actividad concretos. Un trastorno de la atención puede manifestarse por distracción fácil o por dificultad para realizar tareas o concentrarse en el trabajo.

Atención a la Diversidad: Principio educativo que se refiere a la preocupación global y a las acciones específicas que pretenden dar respuesta adaptada a las diferentes capacidades, necesidades, estilos cognitivos e intereses que muestran los alumnos. La respuesta a la diversidad puede darse a través de medidas de diferente naturaleza y generalidad. Los propios proyectos curriculares de los centros con su secuenciación curricular característica conllevan una respuesta a la diversidad. Otras respuestas son las actividades de apoyo y desarrollo en la programación de aula, la optatividad, la acción tutorial y orientadora, las adaptaciones curriculares, las diversificaciones curriculares, etc.

Autonomía: La capacidad de controlar, afrontar y tomar, por propia iniciativa, decisiones personales acerca de cómo vivir de acuerdo con las normas y preferencias propias así como de desarrollar las actividades básicas de la vida diaria, (Según la definición de la Ley 39/2006).

Autonomía personal: Capacidad de la persona para decidir y llevar a cabo las actividades de la vida cotidiana utilizando sus propias habilidades y recursos. La autonomía personal se ve favorecida por la adecuación de las tareas, las adaptaciones del entorno y la utilización de los productos de apoyo (ayudas técnicas).

Ayudas técnicas: soportes y medios técnicos que posibilitan la autonomía personal y calidad de vida de las personas, ya que les permiten desenvolverse en su medio, facilitan su movilidad y posibilitan el desarrollo de actividades y participación en la sociedad. También se pueden definir como las adaptaciones o dispositivos de autoayuda; son útiles, instrumentos o dispositivos especiales que permiten a un individuo ejercer diversas actividades de la vida diaria. El concepto está asociado al de Medios Técnicos: transformaciones realizadas en el hábitat tendentes a eliminar las barreras que marginan a las personas con discapacidad. En función de la utilidad, es decir, del objetivo que persiguen las distintas ayudas técnicas serían:

1. Ayudas técnicas preventivas: aquellas que previenen deformidades, o bien preventivas para la disminución del potencial agresivo y evolutivo de una enfermedad. Habría que tener en cuenta las distintas prevenciones: primaria (la que persigue evitar que aparezca la enfermedad que no estaba), secundaria (evitar que la enfermedad evolucione hasta la incapacidad) y terciaria (prevención de la dependencia cuando existe incapacidad).

2. Ayudas técnicas facilitadoras, aumentan las posibilidades funcionales de la persona que las utiliza, distinguiendo las ayudas técnicas de carácter personal o que le afectan directamente y las que se dirigen a la adaptación del hogar o del trabajo (medios técnicos).

3. Ayudas técnicas compensadoras, aquellas que facilitan la capacidad de realizar gestos imposibles, bien porque su realización provoque dolor o sea causa de deformidad, bien porque el grado de discapacidad sea tan grande que no pueda efectuarse.

Capacidades Intelectuales: "La inteligencia se considera una capacidad mental general que incluye: razonamiento, planificación, solución de problemas, pensamiento abstracto, comprensión de ideas complejas, rapidez en el aprendizaje y aprender de la experiencia".

CI (Cociente de Inteligencia): Es el resultado de dividir la edad mental (obtenida mediante test de inteligencia) por la edad cronológica. El resultado de la división se multiplica por cien. Se suele utilizar el C.I. para calcular el nivel de inteligencia de las personas. Es una cifra indicadora del nivel de inteligencia que posee un individuo en relación con otros sujetos de su misma edad. Algunos estudiosos afirman que el CI tiende a permanecer relativamente estable a lo largo del tiempo.

Certificado de Minusvalía: es sustituido terminológicamente por "Certificado de Discapacidad" (Real Decreto 1856/2009 de 4 de diciembre, BOE nº 311, de 26 /12/2009). También hay un cambio conceptual del mismo. La calificación del Grado de Minusvalía pasa a denominarse Calificación y declaración del grado de Discapacidad. De este modo como consecuencia de la presente adecuación terminológica y conceptual, en aplicación de lo establecido en el art. 5.3 del Real Decreto 1971/1999, el "Grado de Discapacidad" es el resultado de adicionar al porcentaje delgrado de las limitaciones en la actividad, la puntuación obtenida a través de la aplicación del baremo de los "factores sociales complementarios" (según los baremos descritos en el mencionado decreto). El reconocimiento de un grado de discapacidad igual o superior al 33%, que se acredita mediante certificado correspondiente, es imprescindible para tener acceso a la mayor parte de los recursos y ayudas sociales citadas en esta guía. Convocatoria durante todo el año: se puede solicitar la ayuda o prestación durante todo el año, sin plazo límite para hacerlo.

Compensación: es el conjunto de medios individuales técnicos, humanos, jurídicos, etc., que permiten a la persona con discapacidad acrecentar su autonomía, así como las ayudas financieras que le permiten elegir los medios que desea poner en práctica. Estos medios pueden ser otorgados a la misma persona, y/o familia.

Competencia: conjunto de conocimientos, habilidades, destrezas y aptitudes, que permiten desempeñar roles y situaciones de trabajo requeridos para una actividad autónoma y eficaz en el puesto de trabajo.

Conducta adaptativa: es el "conjunto de habilidades conceptuales, sociales y prácticas aprendidas para funcionar en su vida diaria". Las limitaciones en la conducta adaptativa afectan tanto a la vida diaria como a la habilidad de responder a cambios vitales y a demandas ambientales.

Deficiencia: Para la clasificación CIDDM, Publicada por la OMS, y desde el punto de vista de la salud, "una deficiencia es toda pérdida o anormalidad de una estructura o función psicológica, fisiológica o anatómica" (Ej.: ausencia de un miembro corporal, retraso mental, parálisis...).

Diagnóstico: Proceso que se realiza en un objeto determinado, generalmente para solucionar un PROBLEMA. En el proceso de diagnóstico dicho problema experimenta cambios cuantitativos y cualitativos, los que tienden a la solución del problema. Consta de varias etapas, dialécticamente relacionadas, que son: Evaluación, Procesamiento mental de la información, Intervención, Seguimiento.

Discapacidad: Circunstancia de aspectos negativos de la interacción del individuo y sus factores contextuales, limitaciones de la actividad y restricciones de la participación. Ello supone identificar discapacidad con limitación en la actividad o la dificultad que puede tener una persona para realizar actividades.

Disfasia: Son problemas duraderos de la adquisición del lenguaje hablado entre los niños normalmente inteligentes, sin déficit auditivo y sin problemas psicopatológicos. Viene a corresponderse con un retraso madurativo en el habla y en el lenguaje, sin lesión orgánica aparente. Este tipo de niños no presentan déficit auditivo ni problemas de personalidad y que tienen un potencial no verbal similar al normal y muy superior al potencial verbal.

Disfemia: Trastorno de la expresión verbal caracterizado por un bloqueo disfluente, repetición de sonidos y sílabas, ruptura de palabras, articulación entrecortada, espasmos, tropiezos y estado de tensión. Este término es también conocido como Tartamudez. Podemos hablar de varios tipos: *Disfemia clónica*: el paciente presenta repetición de sílabas y palabras, que suelen coincidir con el comienzo de las frases. *Disfemia tónica*: Se da una imposibilidad de emitir algunas palabras durante cierto tiempo, que suelen coincidir al comienzo de las frases. Se observa también inmovilización muscular de todos los músculos fonadores. Suele ser apreciada como una dificultad para empezar a hablar, como si tardásemos mucho en concluir la respiración y la primera palabra no termina de salir. *Disfemiatono clónica*: Mezcla las características de ambas. En ocasiones se puede acompañar de movimientos concomitantes o gestos indebidos de cabeza, boca, hombros o brazos.

Disfonías: En términos generales consideramos disfonía a todo trastorno que conlleva una pérdida de la voz. La voz cambia su timbre a causa de una pérdida del aire. Se pueden presentar períodos de afonía o pérdida de la voz. Su origen es debido a un sobreesfuerzo prolongado de las cuerdas vocales.

Dislalia: Trastorno articulatorio sin causa determinada (orgánica, funcional o psicosomática, pero no debida a una patología del sistema nervioso central), en la producción de los sonidos. Existen diversos tipos: evolutiva, regresiva, funcional, orgánica y psicógena. Pueden ser de varios tipos: *Dislalia Disártrica*. Ocasionada por alteraciones del aparato motor que rige las funciones de los músculos que participan en la articulación (normalmente relacionada con la pronunciación de los niños con parálisis cerebral). *Dislalia Funcional*. Los errores se deben a un mal aprendizaje de los posicionamientos, a vicios articulatorios, malos hábitos respiratorios o malformaciones buco-fonatorias a causa de alteraciones miofuncionales (succión de un dedo, uso indebido de chupetes). *Dislalia Orgánica*. Debido a malformaciones o deformaciones de los órganos relacionados con la articulación del lenguaje. Dichos trastornos dan origen a la presencia de puntos de articulación defectuosos o la imposibilidad de conseguirlos. *Dislalia Protésica*. Ocasionada por la presencia de aparatos dentarios protésicos u ortodoncia que dificulta la pronunciación.

Dislexia: Etimológicamente dislexia quiere decir aproximadamente dificultades de lenguaje. En la acepción actual se refiere a problemas de lectura, trastorno en la adquisición de la lectura. Se manifiesta por un deterioro de la capacidad de leer. Entre las manifestaciones que presenta el sujeto se hayan las deficiencias en la distinción de letras y grupos de letras (discriminación viso-espacial), la falta de orden y ritmo en la colocación (confusión e inversión de sílabas, mutilación de palabras, integración de los símbolos visuales y fonéticos), mala estructuración (escasas o nulas reglas sintácticas), dificultades en la comunicación (reducida fluidez verbal) y retraso del lenguaje en general. Aunque son muchas las clasificaciones efectuadas por los diversos autores, actualmente podemos hablar de la *Dislexia Fonológica*: pueden presentar un bajo CI verbal en relación con el CI de ejecución. El niño presenta un trastorno en su ruta fonológica, por lo que no puede identificar los fonemas que componen las palabras, haciendo por lo tanto abordaje global de la lectura. Son incapaces de leer pseudopalabras. Y de la *Dislexia Visual*: El niño lector presenta una incorrección de los criterios de correspondencia fonema-grafema. El niño sólo lee por medio de la ruta fonológica, haciendo uso de mecanismos de conversión grafema-fonema. Se da de manera irregular según la correspondencia grafema-fonema de la lengua materna.

Disartria: Trastorno motor del habla caracterizado por una pérdida o deterioro de la capacidad para articular, a causa de una lesión o disfunción, bien en el sistema nervioso central, o en el periférico (*Pérez Lerga*). Funciones como la respiración, articulación, fonación y prosodia pueden verse afectadas. Asimismo en ciertos órganos propios del habla pueden observarse anomalías: boca, laringe, faringe, fosas nasales…

Ecolalia: Repetición verbal de sílabas, palabras o frases por el propio hecho de escuchar la emisión fonológica, sin sentido y sin intención de comunicación (repetición pasiva).

Enfermedad. Alteración de la salud que resulta en disfunciones de carácter somático, psicológico o social.

Formación: entendido como un proceso dinámico, un contínuum coherente con la práctica que desarrolla, contextualizado y respondiendo a una concepción del profesional como agente social y crítico que interviene en el desarrollo personal y social de las personas sobre las que actúa, posibilitando su participación y su integración plena en la sociedad.

Formación Profesional Inicial: Cualquier tipo de formación previa que permita el acceso a la persona a una cualificación profesional reconocida por las autoridades competentes del Estado en el que se haya obtenido.

Formación Profesional Continua: Cualquier acción de formación profesional realizada por un trabajador de la Comunidad Europea durante su vida activa.

Grado Minusvalía: queda sustituido por Grado de Discapacidad (Real Decreto 1856/2009, de 14 de diciembre, BOE nº 311, de 26 de diciembre de 2009). La determinación del "grado de discapacidad" , según al Apartado 3 del Artículo 5 del Real Decreto 1971/1999, resulta de adicionar al porcentaje "grado discapacidad" obtenido según lo previsto en el apartado 1 de mismo artículo (es decir mediante la aplicación de los baremos de anexo I, apartado A), de dicho Real Decreto), la puntuación obtenida según lo establecido en el apartado 2 del citado art. 5, esto es, mediante la aplicación del baremo de los "factores sociales complementarios" del anexo I, apartado B de mismo Real Decreto. A estos efectos, se entenderá por "grado de las limitaciones en la actividad" las dificultades que un individuo puede tener para realizar actividades expresadas en porcentaje. Una "limitación en la actividad" abarca desde una desviación leve hasta una grave, en términos de cantidad y calidad, en la realización de la actividad, comparándola con la manera, extensión o intensidad en que se espera que la realizaría una persona sin esa condición de salud".

Innovación Educativa: la podemos considerar como una serie de intervenciones, decisiones y procesos que tratan de modificar actitudes, ideas, culturas, contenidos, modelos y prácticas pedagógicas. Al tiempo que introducir nuevos proyectos y programas, materiales curriculares, estrategias de enseñanza y aprendizaje, modelos didácticos y otra forma de organizar y gestionar el currículum, el centro y la dinámica del aula.

Minusvalía: Situación de desventaja de un individuo a consecuencia de una deficiencia o de una discapacidad que le limita o impide el desempeño del rol que sería normal en su caso (en función de la edad, sexo y factores sociales y culturales). El término "Minusvalía" ha quedado reemplazado por los nuevos conceptos, positivos, recogidos en la Clasificación Internacional del Funcionamiento, de la Discapacidad y de la Salud, elaborada por la Organización Mundial de la Salud. En la actualidad el uso correcto del concepto es Persona con Discapacidad.

Necesidad: Discrepancia existente entre la situación corriente y la situación deseada del desarrollo de una persona. El análisis de estas discrepancias debería constituir el objeto de estudio de este proyecto.

Necesidad de apoyo para la autonomía personal: Las que requieren las personas que tienen discapacidad intelectual para hacer efectivo un grado satisfactorio de autonomía personal en la vida ordinaria de su comunidad.

Normalización. Principio en virtud del cual las personas con discapacidad deben poder llevar una vida normal, accediendo a los mismos lugares, ámbitos, bienes y servicios que están a disposición de cualquier otra persona.

Necesidades Educativas Especiales: Las necesidades educativas especiales, en consecuencia, deben ser entendidas en un sentido interactivo (dependen tanto de las características personales del alumno como de las características del entorno educativo y de la respuesta que se le ofrece) y relativo (éstas serán diferentes en función de las características y respuesta educativa que se ofrece en cada contexto educativo). Estas pueden ser función de condiciones personales (discapacidad o sobredotación) como de variables asociadas a la historia familiar, social, etc., del alumno y con repercusiones significativas sobre su aprendizaje. Estas carencias para ser superadas necesitan de recursos menos usuales que los que ordinariamente se proporcionan en los procesos de enseñanza-aprendizaje, y para cuya compensación, por tanto, es necesaria la elaboración y aplicación de adaptaciones curriculares de acceso y/o adaptaciones curriculares significativas.

Orientación Profesional: la prestación de consejos e informaciones en lo relativo a la elección y movilidad profesional.

Residencia para personas con discapacidad psíquica: Unidad de convivencia que presta atención integral a personas con discapacidad psíquica, ofreciendo servicios de alojamiento, manutención, atención básica especializada y rehabilitación médico funcional, entre otros.

Servicios especializados: responden a las necesidades específicas de apoyo de las personas, adecuados a las especiales dificultades o problemas que las mismas puedan presentar.

Servicio de ayuda a domicilio: Prestación básica de servicios sociales que tiene por objeto proporcionar en el propio domicilio una serie de atenciones de carácter doméstico, social, de apoyo psicológico y rehabilitador, a personas discapacitadas y a sus familias, por no serles posible realizar sus actividades habituales, facilitando de este modo la permanencia y la autonomía en su medio habitual de convivencia, contando para ello con el personal cualificado y supervisado al efecto.

Servicio de apoyo familiar: Destinado a prestar atención, formación, información, orientación y asesoramiento a personas con discapacidad y a sus familiares.

Servicio de tele asistencia: Servicio dirigido a personas con discapacidad que viven solas o que pasan gran número de horas solas en sus domicilios, que padecen pérdidas de autonomía y/o problemas de salud y que, a través del teléfono y un equipo de comunicación de muy fácil manejo, permite dar una respuesta adecuada durante las 24 horas, movilizando otros recursos humanos o materiales propios del usuario, o existentes en la comunidad.

Servicio de respiro familiar: Destinado a prestar servicios de atención temporal y por un periodo limitado de tiempo a personas con discapacidad, con el fin de permitir a sus cuidadores espacios de tiempo libre y descanso.

Servicios residenciales y hospitalarios: comprenden todos aquellos dispositivos que proporcionan alojamiento nocturno para la atención clínica y social.

Sistema de Apoyos: Conjunto de recursos y estrategias destinadas a promover el desarrollo, los intereses, la calidad de vida y la autonomía de las personas con discapacidad.

Vida Independiente - Normalización: los conceptos de vida independiente y de normalización, intrínsecamente unidos, han cobrado en los últimos años sustantividad propia cuando nos referimos a la discapacidad, encarnando valores que comienzan a tener reflejo y eficacia jurídica. Así, de acuerdo con la Ley 51/ 2003, de 2 de diciembre, de igualdad de oportunidades, no discriminación y accesibilidad universal de las personas con discapacidad, se define, en su artículo 2, a) y b) como: "Vida independiente: la situación en la que la persona con discapacidad ejerce el poder de decisión sobre su propia existencia y participa activamente en la vida de su comunidad, conforme al derecho al libre desarrollo de la personalidad."

Funciones intelectuales. Funciones mentales generales necesarias para comprender e integrar constructivamente, las diferentes funciones mentales, incluyendo todas las funciones cognitivas y su desarrollo a lo largo del ciclo vital

Funciones psicosociales globales. Funciones mentales generales, y su desarrollo a lo largo del ciclo vital, requeridas para entender e integrar constructivamente varias funciones mentales que guían la formación de habilidades interpersonales necesarias para establecer interacciones sociales recíprocas tanto en los términos de significado como de finalidad.

Trastorno del desarrollo. Alteración, disfunción o dificultad en general del funcionamiento intelectual general y de la conducta adaptativa de una persona, que conlleva la necesidad de elementos de apoyo y recursos en el contexto donde se desenvuelve.

Trastorno mental ("mental disorder"). Conjunto de síntomas que responden a un núcleo psicológico disfuncional, dentro de un contexto biográfico de la persona y su circunstancia. Patrón de comportamiento de significación clínica asociado a un malestar, dolor, a una discapacidad o a un riesgo significativo de padecerlo. Es una manifestación individual de una disfunción comportamental, psicológica o biológica.

Síntoma. Señal o fenómeno mórbido o anormalidad en la función, apariencia o sensación que experimenta una persona y que es indicador de enfermedad.

Síndrome. Conjunto de síntomas característicos de una enfermedad.

La Clasificación Internacional del Funcionamiento, de la Discapacidad y de la Salud: *Un marco de referencia en la valoración de la discapacidad intelectual.*

La *Clasificación Internacional del funcionamiento, de la Discapacidad y la Salud* (CIF), pertenece a la "familia" de clasificaciones desarrolladas por la Organización Mundial de la Salud (OMS) para su aplicación a varios aspectos de la salud. El conjunto de clasificaciones de la OMS, proporciona un marco de codificación informativa acerca de la salud (diagnóstico, funcionamiento y discapacidad, razones para contactar con los servicios de salud) y provee un lenguaje estandarizado y único, que posibilita la comunicación en todo el mundo sobre la salud y la atención sanitaria, entre diferentes disciplinas y ciencias.

Esta Clasificación, heredera y superadora de la *Clasificación Internacional de Deficiencias, Discapacidad y Minusvalía (CIDDM)*, de la década de los 80 del pasado siglo, supone la referencia para la descripción de la salud y los estados relacionados con la salud (*dominios de salud* y *dominios relacionados con la salud*). Dominios que están descritos desde una perspectiva corporal, individual y social a través de dos listados básicos: 1) Funciones y Estructuras Corporales y 2) Actividades-Participación. Así, *Funcionamiento* se refiere a todas las Funciones Corporales, Actividades y Participación, mientras que *Discapacidad* es usado como un término englobador de incapacidades, limitaciones en la actividad, o restricción en la participación. Finalmente, al enumerar también Factores Contextuales que interactúan con esos constructos, la CIF, proporciona un perfil útil del funcionamiento, de la discapacidad y de la salud del individuo en varios dominios.

En las clasificaciones internacionales de la OMS, los estados de salud (enfermedades, trastornos, lesiones, etc.) se clasifican principalmente en la CIE-10 (la Clasificación Internacional de Enfermedades, Décima Revisión), que aporta un marco etiológico, mientras que el funcionamiento y la discapacidad asociados con las condiciones de salud, se clasifican en la CIF. Por lo tanto, la CIE-10 y la CIF son complementarias. Abundando en esta superposición entre la CIE-10 y la CIF, ambas clasificaciones comienzan por los sistemas corporales. Las deficiencias hacen referencia a las estructuras y funciones corporales, las cuales forman habitualmente parte del "proceso de la enfermedad" y por lo tanto también se utilizan en el sistema de la CIE-10. Sin embargo, el sistema CIE utiliza las deficiencias (en cuanto a signos y síntomas) como partes de un conjunto que configura una "enfermedad", o como razones para contactar con los servicios de salud; mientras que el sistema CIF utiliza las deficiencias como problemas de las funciones corporales asociados con los estados de salud.

En consecuencia, el uso conjunto de ambas clasificaciones es lo apropiado, ya que la CIE-10 proporciona un "diagnóstico" de enfermedades, trastornos u otras condiciones de salud, siendo esta información enriquecida por la que aporta la CIF sobre el funcionamiento (dos personas con la misma enfermedad pueden tener diferentes niveles de funcionamiento, y dos personas con el mismo nivel de funcionamiento no tienen necesariamente la misma condición de salud.). Esta unión de información nos proporciona una visión más amplia y significativa del estado de salud de las personas, facilitando así la toma de decisiones.

La CIF ha pasado de ser una clasificación de "consecuencias de enfermedades" (CIDDM, versión de 1980) a una clasificación de "componentes de salud", que identifican lo que constituye la salud, mientras que las "consecuencias" se centran en el impacto resultante de las enfermedades y otras condiciones de salud, tomando la CIF una posición neutral en relación con la etiología, de modo que los investigadores puedan desarrollar relaciones causales, utilizando métodos científicos apropiados.

Esta Clasificación, en su fin de entendimiento y estudio de la salud y los estados asociados, así como de intercambio de información y comunicación entre personas, disciplinas o países, se aplica como herramienta con fines estadísticos, de investigación, clínicos, de política social o educativa. De acuerdo a esta base de objetivos y aplicaciones, la

CIF proporciona un descripción de situaciones relacionadas con el funcionamiento humano y la discapacidad, sirviendo como marco de referencia para organizar la información, aporta de esta forma una estructura informativa significativa, interrelacionada y accesible.

Estructura y organización de la CIF.

La información se organiza en dos partes: (1) Funcionamiento y Discapacidad, y (2) Factores Contextuales:

Estructura y organización (CIF).	
Funcionamiento y discapacidad.	*Factores Contextuales.*
- Funciones y Estructuras Corporales. - Actividades y Participación.	- Factores Ambientales. - Factores Personales.

Los componentes del funcionamiento y la discapacidad pueden ser empleados de dos maneras. Por un lado pueden ser utilizados para indicar problemas (deficiencias, limitación en la actividad o restricción en la participación; todos ellos incluidos bajo el concepto global de d*iscapacidad*). Por otro lado pueden indicar aspectos no problemáticos (ej. neutrales) de la salud y de aspectos relacionados con la salud (incluidos los aspectos bajo el término genérico de *funcionamiento*).

El funcionamiento y la discapacidad en la persona se conciben como una interacción dinámica entre los estados de salud (enfermedades, trastornos, lesiones, traumas, etc.) y los factores contextuales. Los factores contextuales incluyen tanto factores personales como factores ambientales.

	Funcionamiento y Discapacidad.		Factores Contextuales.	
	Funciones y estructuras corporales	Actividades y Participación	Factores ambientales	Factores personales
Dominios	Funciones corporales. Partes del cuerpo	Áreas Vitales (tareas, acciones)	Influencias externas sobre el funcionamiento y la discapacidad	Influencias internas sobre el funcionamiento y la discapacidad
Constructos	Cambios en las funciones del cuerpo (fisiológica) Cambios en las estructuras del cuerpo (Anatómica)	Capacidad. Ejecución de tareas en un entorno uniforme. Desempeño – realización. Ejecución de tareas en el entorno real	Impacto de elementos facilitadores y barreras del mundo físico, social y actitudinal	Impacto de los atributos de la persona
Aspectos positivos	Integridad funcional y estructural Funcionamiento	Actividad Participación Funcionamiento	Facilitadores	*No aplicable*
Aspectos negativos	Deficiencia Discapacidad	Limitaciones en la actividad. Restricciones en la participación Discapacidad	Barreras – Obstáculos	*No aplicable*

Una visión de conjunto de la CIF (2001).

De acuerdo a esta organización, se pueden hacer las siguientes observaciones:

Funciones y Estructuras Corporales.

- Cuerpo se refiere al organismo humano como un todo; por lo tanto incluye el cerebro y sus funciones, ej. la mente. Las funciones mentales (o psicológicas) se clasifican, de esta manera, dentro de las funciones corporales.

- Las deficiencias de la estructura pueden incluir anomalías, defectos, pérdidas o cualquier otra desviación en las estructuras corporales. Desde un punto de vista médico, se debe advertir que las deficiencias no son equivalentes a la patología subyacente, sino a las manifestaciones de esa patología.

- Las deficiencias representan una desviación de la "norma" en el estado biomédico del cuerpo y sus funciones. La definición de sus componentes la llevan a cabo personas capacitadas para juzgar el funcionamiento físico y mental de acuerdo con las normas generalmente aceptadas.

- Las deficiencias pueden ser temporales o permanentes; progresivas, regresivas o estáticas; intermitentes o continuas. La desviación de la norma puede ser leve o severa y puede fluctuar en el tiempo.

- Las deficiencias no tienen una relación causal con la etiología ni con el modo en el que se desarrolla el estado de salud. Por ejemplo, la pérdida de visión o de un miembro puede surgir de una anormalidad genética o de un trauma. La presencia de una deficiencia necesariamente implica una causa; sin embargo, la causa puede no ser suficiente para explicar la deficiencia resultante. De la misma manera, cuando existe una deficiencia, también existe una disfunción en las funciones o estructuras del cuerpo que puede estar relacionada con cualquier enfermedad, trastorno o estado físico.

- Las deficiencias deben ser parte o una expresión de un estado de salud, pero no necesariamente indica que la enfermedad esté presente o que el individuo deba ser considerado enfermo.

- Las deficiencias son más amplias y tienen un mayor alcance que las enfermedades o los trastornos; por ejemplo, la pérdida de una pierna es una deficiencia, no un trastorno o una enfermedad.

- Las deficiencias pueden derivar en otras deficiencias; por ejemplo, la disminución de fuerza muscular puede trastornar las funciones de la movilidad, las afecciones cardiacas pueden estar relacionadas con déficits de las funciones respiratorias, y el deterioro de la percepción puede afectar a las funciones del pensamiento.

- Las deficiencias se clasifican en categorías usando criterios de identificación bien definidos. (ej. presente o ausente según un umbral determinado). Estos criterios son los mismos para las funciones y estructuras, y son: (a) pérdida o ausencia; (b) reducción; (c) aumento o exceso; y (d) desviación. Una vez que la deficiencia está presente, puede ser graduada en términos de severidad utilizando el calificador genérico.

- Los factores contextuales interactúan con las funciones corporales, como en la interacción entre la calidad del aire y la respiración, la luz y la visión, los sonidos y la audición, los estímulos que distraen la atención y la propia atención, la textura del suelo y el mantenimiento del equilibrio, la temperatura ambiental y la regulación de la temperatura corporal.

En la actividad se hace referencia al hecho de llevar a cabo una tarea o acción por parte de una persona, siendo la *Participación* el acto de involucrarse en una situación vital. De aquí que las *Limitaciones en la actividad* sean las dificultades que una persona puede tener para llevar a cabo actividades y las *Restricciones en la Participación,* problemas que una persona puede experimentar al involucrarse en situaciones vitales.

La capacidad es descrita desde la habilidad de un individuo para realizar una tarea o acción. Este constructo tiene por objeto indicar el máximo nivel probable de funcionamiento que una persona puede alcanzar en un dominio dado en un momento dado. Para evaluar la habilidad máxima de la persona, resulta necesario tener un contexto/entorno "normalizado" que neutralice el diferente impacto de los diversos contextos/entornos en la capacidad del individuo. Este contexto/entorno normalizado debe ser: (a) un contexto/entorno real comúnmente utilizado para evaluar la capacidad en las situaciones de examen; o (b) en los casos en los que esto no sea posible, se asume un contexto/entorno del que se puede pensar que tiene un impacto uniforme. Este contexto/entorno puede ser llamado "uniforme" o "normalizado". Por tanto, capacidad refleja la habilidad ajustada en función del ambiente del individuo. Este ajuste debe ser igual para todas las personas y en todos los países, para que se puedan establecer comparaciones internacionales. Para ser precisos las características del contexto/entorno uniforme o normalizado pueden ser codificadas utilizando la clasificación de Factores Contextuales.

Las dificultades o problemas en estos dominios pueden aparecer cuando hay una alteración cualitativa o cuantitativa en la manera en que se desempeñan las funciones de los dominios. Las limitaciones o restricciones se evalúan contrastándolas con los estándares comúnmente aceptados en la población. Los estándares o normas frente a los que valoramos la capacidad y el desempeño/realización de un individuo son los de las personas que no sufren un estado de salud similar (enfermedad, trastorno, daño, etc.). La limitación o restricción mide la discordancia entre el desempeño/realización esperado y el observado. El desempeño/realización esperado es la norma de la población que representa la experiencia de personas sin la condición de salud específica.

Los Factores Contextuales representan el trasfondo total tanto de la vida de un individuo como de su estilo de vida. Incluyen los factores ambientales y los factores personales que pueden tener un impacto en la persona con una condición de salud y sobre la salud y los estados relacionados con la salud de esta persona.

Los *Factores Ambientales* constituyen el ambiente físico, social y actitudinal en el que una persona vive y conduce su vida. Los factores son externos a los individuos y pueden tener una influencia negativa o positiva en el desempeño/realización del individuo como miembro de la sociedad, en la capacidad del individuo o en sus estructuras y funciones corporales.

Los Factores Ambientales se organizan contemplando dos niveles distintos, *Individual* (ambiente inmediato y personal del individuo) y *Servicios y sistemas* (estructuras sociales, servicios y planteamientos de acercamiento o sistemas en la comunidad o cultura formales e informales, que tienen un impacto en el individuo). Estos factores ambientales interactúan con los componentes de las Estructuras y Funciones Corporales, y Actividades y Participación. La discapacidad está caracterizada por el resultado de una compleja interacción entre el estado de salud de una persona y los factores individuales y externos que representan las circunstancias en las que vive la persona. A causa de esta relación, los distintos ambientes pueden tener impactos distintos en el mismo individuo con una condición de salud dada. Un contexto con barreras, o sin facilitadores, restringirá el desempeño/realización del individuo; otros contextos que son más facilitadores pueden incrementar esa realización. La sociedad puede dificultar el desempeño/realización de un individuo porque puede crear barreras (arquitectónicas) o no crea facilitadores (ej., no proporciona dispositivos de ayuda).

Los *Factores Personales* son los antecedentes de la vida de un individuo, en los que se pueden incluir el sexo, la raza, la edad, otros estados de salud, el estilo de vida, los hábitos, los estilos de afrontamiento "copingstyles", los antecedentes sociales, la educación, la profesión, las experiencias actuales y pasadas (sucesos de la vida pasada y sucesos actuales), los patrones de comportamiento y estilo de personalidad, los aspectos psicológicos y otras características, todas o algunas de las que juegan un rol en cualquier nivel de discapacidad.

FUNCIONES MENTALES *SUPERIORES.*

Se tratan las funciones del cerebro y del sistema nervioso central, entendidas aquéllas, tanto como funciones mentales globales (la conciencia, la energía y el impulso), como las funciones mentales específicas (memoria, lenguaje y cálculo). Esta estructura quedaría para su observación y análisis:

FUNCIONES MENTALES *GLOBALES*.

(Funciones de la conciencia, orientación, intelectuales, psicosociales, temperamento y personalidad, energía e impulso, del sueño.).

1. Funciones de la conciencia.

Funciones mentales generales del estado de alerta y conciencia, y la claridad y la continuidad del estado de vigilia.

En este apartado se incluyen: *Funciones del estado, la continuidad y la cualidad de la conciencia; pérdida de conciencia, coma, estados vegetativos, fugas, estados de trance, estados de posesión, alteración de la conciencia inducida por medicación, delirio, estupor.* Excluye: *funciones de la orientación; funciones de la energía e impulso; funciones del sueño.*

- **Estado de conciencia:** Funciones mentales que cuando se alteran producen estados tales como la obnubilación mental, el estupor o el coma.

- **Continuidad de la conciencia:** Funciones mentales que determinan una vigilia, alerta y conciencia continuada, y cuando sufren alteraciones pueden producir fugas, trances o estados similares.

- **Cualidad de la conciencia:** Funciones mentales que cuando se alteran producen cambios en el carácter de la vigilia, la alerta y el sentido de la conciencia, tales como estados de alteración de la conciencia inducidos por medicación o el delirio.

- **Funciones de la conciencia, otras especificadas.**

- **Funciones de la conciencia, no especificadas.**

2. Funciones de la orientación.

Funciones mentales generales relacionadas con el conocimiento y la determinación de la relación de una persona consigo mismo, con otras personas, con el tiempo y con lo que le rodea.

Incluye: *Funciones de orientación en el tiempo, en el espacio y en la persona; orientación respecto a uno mismo y a los demás; desorientación* en el tiempo, espacio y persona. Excluye: *funciones de la conciencia; funciones de la atención; funciones de la memoria.*

- **Orientación en el tiempo:** Funciones mentales que implican el conocimiento del día, fecha, mes y año.
- **Orientación en el espacio**: Funciones mentales que implican el conocimiento del lugar donde uno se encuentra, tales como los alrededores inmediatos y su propia ciudad o provincia.
- **Orientación sobre la persona**: Funciones mentales que implican la conciencia de la propia identidad y de la de los individuos del entorno inmediato.
  - *Orientación respecto a uno mismo:* Funciones mentales que implican la conciencia de la propia identidad.
  - *Orientación respecto a los demás:* Funciones mentales que implican la conciencia de la identidad de otros individuos en el entorno inmediato.
  - *Funciones de la orientación acerca de la persona, otras especificadas.*
  - *Funciones de la orientación acerca de la persona, no especificadas.*
- **Funciones de la orientación, otras especificadas.**
- **Funciones de la orientación, no especificadas.**

3. Funciones intelectuales.

Funciones mentales generales necesarias para comprender e integrar constructivamente, las diferentes funciones mentales, incluyendo todas las funciones cognitivas y su desarrollo a lo largo del ciclo vital.

Incluye: *funciones del desarrollo intelectual; retraso intelectual, retraso mental, demencia.* Excluye: *funciones de la memoria; funciones del pensamiento; funciones cognitivas superiores.*

4. Funciones psicosociales globales.

Funciones mentales generales, y su desarrollo a lo largo del ciclo vital, requeridas para entender e integrar constructivamente varias funciones mentales que guían la formación de habilidades interpersonales necesarias para establecer interacciones sociales recíprocas tanto en los términos de significado como de finalidad.

5. Funciones del temperamento y la personalidad.

Funciones mentales generales relacionadas con la disposición natural del individuo para reaccionar de una determinada manera ante situaciones, incluyendo el conjunto de características que diferencian a ese individuo de otras personas.

Incluye: Funciones de extroversión, introversión, amabilidad, responsabilidad, estabilidad emocional, capacidad de abrirse a experiencias; optimismo; búsqueda de experiencias nuevas; confiar en uno mismo; honradez. Excluye: funciones intelectuales; funciones relacionadas con la energía e impulso; funciones psicomotoras; funciones emocionales.

- **Extroversión:** Funciones mentales que implican una disposición personal encaminada a ser abierto, sociable y expresivo; que contrasta con ser tímido, reservado e inhibido.

- **Amabilidad:** Funciones mentales que implican una disposición personal a ser cooperativo, simpático y servicial; que contrasta con ser poco amigable, negativista y desafiante.

- **Responsabilidad:** Funciones mentales que implican una disposición personal a ser trabajador, metódico y escrupuloso; que contrasta con funciones mentales que producen una disposición a ser perezoso, poco fiable e irresponsable.

- **Estabilidad emocional:** Funciones mentales que implican una disposición personal a ser templado, tranquilo y sosegado; que contrasta con ser irritable, preocupado, irregular y caprichoso.

- **Abierto a experimentar:** Funciones mentales que implican una disposición personal a ser curioso, imaginativo, inquiridor y buscador de experiencias; que contrasta con ser inactivo, desatento e inexpresivo emocionalmente.
- **Optimismo:** Funciones mentales que implican una disposición personal a ser alegre, ilusionado y esperanzado; que contrasta con ser poco animoso, melancólico y desesperanzado.
- **Confianza:** Funciones mentales que implican una disposición personal a ser confiado, atrevido y asertivo; que contrasta con ser tímido, inseguro y humilde.
- **Honradez:** Funciones mentales que implican una disposición personal a ser ético y con principios; que contrasta con ser desafiante, falso y antisocial.
- **Funciones del temperamento y la personalidad, otras especificadas.**
- **Funciones del temperamento y la personalidad, no especificadas.**

6. Funciones relacionadas con la energía y el impulso.

Funciones mentales generales de los mecanismos fisiológicos y psicológicos, que empujan al individuo a satisfacer necesidades específicas y objetivos generales de una manera persistente.

Incluye: *funciones del nivel de energía, motivación, apetito, ansia (incluyendo el ansia por sustancias que pueden producir dependencia), y control de los impulsos.* Excluye: *funciones de la conciencia; temperamento; funciones del sueño; funciones psicomotoras; funciones emocionales.*

- **Nivel de energía:** Funciones mentales que producen vigor y fuerza.
- **Motivación:** Funciones mentales que generan los incentivos para actuar, el impulso consciente o inconsciente para la acción.

- **Apetito:** Funciones mentales que producen un deseo natural y recurrente, especialmente por comida y bebida.

- **Ansia:** Funciones mentales que producen urgencia para consumir sustancias, incluyendo aquellas que producen dependencia.

- **Control de los impulsos:** Funciones mentales que regulan y generan resistencia ante necesidades repentinas e intensas a hacer algo.

- **Funciones de la energía y el impulso, otras especificadas.**

- **Funciones de la energía y el impulso, no especificadas.**

7. Funciones del sueño.

Funciones mentales generales que producen una desconexión física y mental del entorno inmediato, de carácter periódico, reversible y selectivo, y que va acompañada de cambios fisiológicos característicos

Incluye: *funciones del conjunto de sueño, y comienzo, mantenimiento y calidad del sueño, funciones que implican el ciclo del sueño; tales como insomnio, hipersomnia y narcolepsia.* Excluye: *funciones de la conciencia; funciones de la energía y el impulso; funciones de la atención; funciones psicomotoras.*

- **Cantidad de sueño:** Funciones mentales que implican el tiempo empleado en el estado de sueño, en el ciclo diurno o en el ritmo circadiano.

- **Comienzo del sueño:** Funciones mentales que producen la transición entre la vigilia y el sueño.

- **Mantenimiento del sueño:** Funciones mentales relacionadas con mantener el estado de permanecer dormido.

- **Calidad del sueño:** Funciones mentales que producen sueño natural, proporcionando un descanso y una relajación óptima física y mental.

- **Funciones del ciclo del sueño:** Funciones mentales que producen el sueño con movimiento rápido del ojo (REM) (asociado con soñar) y el sueño sin movimiento rápido del ojo(caracterizado por el concepto tradicional del sueño, como un momento de menor actividad fisiológica y psicológica).

- **Funciones del sueño, otras especificadas.**
- **Funciones del sueño, no especificadas.**

Funciones mentales globales, otras especificadas y no especificadas.

FUNCIONES MENTALES *ESPECÍFICAS*.

(Funciones de la atención, memoria, funciones psicomotoras, emocionales, de la percepción, del pensamiento, funciones cognitivas superiores, mentales del lenguaje, del cálculo, de encadenamiento de movimientos complejos, del yo y del tiempo).

1. Funciones de la atención.

Funciones mentales específicas que permiten centrarse sobre un estímulo externo o experiencia interna por el periodo de tiempo requerido.

Incluye: funciones relacionadas con el mantenimiento de la atención, cambios en la atención, división de la atención, compartir la atención; concentración y distractibilidad. Excluye: funciones de la conciencia; funciones de la energía e impulso; funciones del sueño; funciones de la memoria; funciones psicomotoras; funciones de la percepción.

- **Mantenimiento de la atención:** Funciones mentales que producen un estado de concentración durante el periodo de tiempo requerido.
- **Cambios en la atención:** Funciones mentales que permiten cambiar el foco de la atención de un estímulo a otro.

- **División de la atención:** Funciones mentales que permiten fijarse en dos o más estímulos al mismo tiempo.

- **Compartir la atención:** Funciones mentales que permiten a dos personas fijarse en el mismo estímulo al mismo tiempo, como un niño y su cuidador fijándose en un juguete.

- **Funciones de la atención, otras especificadas.**

- **Funciones de la atención, no especificadas.**

2. Funciones de la memoria.

Funciones mentales específicas, relacionadas con el registro y almacenamiento de información, así como de su recuperación cuando sea necesario. *Incluye: funciones de la memoria a corto y largo plazo, memoria inmediata, reciente y remota; duración de la memoria; recuperación de la memoria; recuerdo; funciones utilizadas en el aprendizaje y en el recuerdo, tales como la amnesia nominal, selectiva y disociativa Excluye: funciones de la conciencia; funciones de la orientación; funciones intelectuales; funciones de la atención; funciones de la percepción; funciones del pensamiento; funciones cognitivas superiores; funciones mentales del lenguaje; funciones de cálculo.*

- **Memoria a corto plazo:** Funciones mentales que producen un almacenamiento de información en la memoria temporal de aproximadamente 30 segundos de duración, susceptible de ser alterado y que puede perderse si no se consolida en la memoria a largo plazo.

- **Memoria a largo plazo:** Funciones mentales que producen un sistema de memoria que permite el almacenamiento a largo plazo de información proveniente de la memoria a corto plazo y tanto de la memoria autobiográfica de los eventos pasados como de la semántica (memoria para el lenguaje y los hechos).

- **Recuperación de la información de la memoria:** Función mental específica para recordar información almacenada en la memoria a largo plazo y trasladarla a la conciencia.

- **Funciones de la memoria, otras especificadas.**

- **Funciones de la memoria, no especificadas.**

   3. Funciones psicomotoras.

Funciones mentales específicas de control tanto de los actos motores como de los psicológicos en el nivel corporal. Incluye: funciones de control psicomotor, tales como retraso psicomotor, excitación y agitación, adopción de postura, catatonia, negativismo, ambivalencia, ecopraxia y ecolalia; calidad de la función psicomotora *Excluye: funciones de la conciencia; funciones de la orientación; funciones intelectuales; funciones de la energía y el impulso; funciones de la atención; funciones mentales del lenguaje; funciones mentales de encadenamiento de movimientos complejos.*

- ***Control psicomotor:*** Funciones mentales que regulan la velocidad de la conducta o tiempo de respuesta que implica tanto a los componentes motores como a los psicológicos, tales como la alteración del control que produce retraso psicomotor (moverse y hablar despacio; disminución de la gesticulación y espontaneidad) o excitación psicomotora (excesiva actividad conductual y mental que con frecuencia se produce de manera no productiva y en respuesta a tensión interna, como por ejemplo tamborilear con los dedos, garabatear, agitación o inquietud).

- **Calidad de las funciones psicomotoras:** Funciones mentales que producen un comportamiento no verbal en la adecuada secuencia y naturaleza de sus partes, como en la coordinación ojo-mano o en el paso.

- **Funciones psicomotoras, otras especificadas.**

- **Funciones psicomotoras no especificadas.**

   4. Funciones emocionales.

Funciones mentales específicas relacionadas con los sentimientos y el componente afectivo de los procesos de la mente. *Incluye: funciones de la adecuación de la emoción, regulación y rango de la emoción; afecto; tristeza, alegría, amor, miedo, enojo, odio, tensión, ansiedad, júbilo, pena; labilidad de la emoción; aplanamiento. Excluye: funciones del temperamento y la personalidad; funciones de la energía y el impulso.*

- **Adecuación de la emoción:** Funciones mentales que producen una congruencia entre el sentimiento o afecto y la situación, como la alegría al recibir buenas noticias.

- **Regulación de la emoción:** Funciones mentales que controlan la experiencia y demostración del afecto.

- **Rango de la emoción:** Funciones mentales que producen todo el rango de experiencias relacionadas con la aparición del afecto o de los sentimientos, tales como el amor, odio, ansiedad, pena, júbilo, miedo, enojo.

- **Funciones emocionales, otras especificadas.**

- **Funciones emocionales, no especificadas.**

    5. Funciones de la percepción.

Funciones mentales específicas relacionadas con el reconocimiento y la interpretación de los estímulos sensoriales. *Incluye: funciones de la percepción auditiva, visual, olfativa, gustativa, táctil y visoespacial; tales como alucinaciones o delirio. Excluye: funciones de la conciencia; funciones de la orientación; funciones de la atención; funciones mentales del lenguaje; vista y funciones relacionadas; funciones auditivas y vestibulares; funciones sensoriales adicionales.*

- **Percepción auditiva:** Funciones mentales implicadas en la discriminación de sonidos, notas, tonos y otros estímulos acústicos.

- **Percepción visual:** Funciones mentales implicadas en la discriminación de la forma, tamaño, color y otros estímulos visuales.

- **Percepción olfativa:** Función mental implicada en la diferenciación de distintos olores.

- **Percepción gustativa:** Función mental implicada en la diferenciación de los sabores (dulce, salado, ácido y amargo) detectados por la lengua.

- **Percepción táctil:** Función mental implicada en la diferenciación de texturas, tales como los estímulos lisos o rugosos detectados mediante el tacto.

- **Percepción visoespacial:** Función mental implicada en distinguir por medio de la vista, la posición de los objetos en relación al entorno o en relación a uno mismo.

- **Funciones de la percepción, otras especificadas.**
- **Funciones de la percepción, no especificadas.**

6. Funciones del pensamiento.

Funciones mentales específicas relacionadas con el componente ideacional de la mente. Incluye: funciones relacionadas con el ritmo, forma, control y contenido del pensamiento; funciones del pensamiento dirigidas a un objetivo; funciones del pensamiento no dirigidas a un objetivo; funciones lógicas del pensamiento, tales como fuga de ideas, presión, bloqueo e incoherencia del pensamiento, tangencialidad, circunstancialidad, delirios, obsesiones y compulsiones. Excluye: funciones intelectuales; funciones de la memoria; funciones psicomotoras; funciones de la percepción; funciones cognitivas superiores; funciones mentales del lenguaje; funciones de cálculo.

- **Flujo del pensamiento:** Funciones mentales que determinan la velocidad en el proceso del pensamiento.

- **Forma del pensamiento:** Funciones mentales que organizan el proceso del pensamiento para lograr coherencia y lógica (*incluye deficiencias de perseveraciónideacional, tangencialidad y circunstancialidad*).

- **Contenido del pensamiento:** Funciones mentales que consisten en la presencia de ideas en el proceso del pensamiento y aquello que está siendo conceptualizado (*incluye delirios, ideas sobrevaloradas y somatización*).

- **Control del pensamiento:** Funciones mentales que proporcionan control volitivo sobre el pensamiento y son reconocidas como tal por la persona (*incluye deficiencias de pensamientos reiterativos, obsesiones, pensamientos transmitidos y pensamientos de inserción*).
- **Funciones del pensamiento, otras especificadas.**
- **Funciones del pensamiento, no especificadas.**

7. Funciones cognitivas superiores.

Funciones mentales específicas especialmente dependientes de los lóbulos centrales del cerebro, incluyendo conductas complejas dirigidas a una meta tales como toma de decisión, pensamiento abstracto, planificación y organización de planes, flexibilidad mental, y decisión de los comportamientos que son apropiados bajo según qué circunstancias; a menudo denominadas funciones ejecutivas.

Incluye: funciones de abstracción y organización de ideas; manejo del tiempo, autoconocimiento y juicio; formación de conceptos, categorización y flexibilidad cognitiva Excluye: funciones de la memoria; funciones del pensamiento; funciones mentales del lenguaje; funciones de cálculo.

- **Abstracción:** Funciones mentales que permiten crear ideas generales, cualidades o características fuera de, y distintas de, realidades concretas, objetos específicos o casos particulares.
- **Organización y planificación:** Funciones mentales que permiten sintetizar y coordinar partes en un todo; función mental implicada en desarrollar un método para proceder o actuar.
- **Manejo del tiempo:** Funciones mentales que permiten ordenar eventos en una secuencia cronológica, asignando tiempos a hechos y actividades.

- **Flexibilidad cognitiva:** Funciones mentales que permiten cambiar estrategias o alternar posiciones mentales, como es el caso de la resolución de problemas.

- **Autoconocimiento:** Funciones mentales que permiten el conocimiento y comprensión de uno mismo y su comportamiento.

- **Juicio:** Funciones mentales implicadas en la discriminación entre opciones y la evaluación de diferentes opciones, como es el caso de tomar una decisión o formar una opinión.

- **Resolución de problemas:** Funciones mentales de identificación, análisis e integración de información incongruente o conflictiva dirigida a una solución.

- **Funciones cognitivas superiores, otras especificadas.**

- **Funciones cognitivas superiores, no especificadas.**

8. Funciones mentales del lenguaje.

Funciones mentales específicas relacionadas con el reconocimiento y la utilización de signos, símbolos y otros componentes del lenguaje. Incluye: funciones de recepción y decodificación de lenguaje oral, escrito u otra forma de lenguaje tal como el lenguaje de signos; funciones de expresión de lenguaje oral, escrito u otra forma de lenguaje; funciones integrativas del lenguaje escrito y oral, tales como afasia receptiva, expresiva, afasia de Broca, de Wernicke y de conducción Excluye: funciones de la atención; funciones de la memoria; funciones de la percepción; funciones del pensamiento; funciones cognitivas superiores; funciones de cálculo; funciones mentales de encadenamiento de movimientos complejos; Funciones Sensoriales y dolor; y Funciones de la Voz y el Habla.

- **Recepción de lenguaje:** Funciones mentales específicas relacionadas con la decodificación de mensajes orales, escritos o de otro tipo tales como el lenguaje de signos, con el fin de obtener su significado.

- **Recepción de lenguaje oral:** Funciones mentales relacionadas con la decodificación de mensajes orales para obtener su significado.

- **Recepción de lenguaje escrito:** Funciones mentales relacionadas con la decodificación de mensajes escritos para obtener su significado.

- **Recepción del lenguaje de signos:** Funciones mentales de decodificación de mensajes en lenguajes que utilizan signos hechos con las manos y otros movimientos para obtener su significado.

- **Recepción del lenguaje, otras especificadas.**

- **Recepción del lenguaje, no especificadas.**

9. Expresión de lenguaje.

Funciones mentales específicas necesarias para producir mensajes significativos deforma hablada, escrita, por signos/señas o de cualquier otra forma de lenguaje

- **Expresión de lenguaje oral:** Funciones mentales necesarias para producir mensajes orales significativos.

- **Expresión de lenguaje escrito:** Funciones mentales necesarias para producir mensajes escritos significativos.

- **Expresión del lenguaje de signos:** Funciones mentales necesarias para la producción de mensajes con lenguajes que utilizan signos hechos con las manos y otros movimientos.

- **Expresión de lenguaje, otras especificadas.**

- **Expresión de lenguaje, no especificadas.**

10. Funciones integrativas del lenguaje.

Funciones mentales que organizan el significado semántico y simbólico, la estructura gramatical y las ideas para la producción de mensajes orales, escritos o de cualquier otra forma de lenguaje.

- Funciones mentales del lenguaje, otras especificadas.

- *Funciones mentales del lenguaje, no especificadas.*

11. Funciones de cálculo.

Funciones mentales específicas relacionadas con la determinación, la aproximación y la manipulación de símbolos matemáticosIncluye: funciones de adición, sustracción y otros cálculos matemáticos simples; operaciones matemáticas complejas Excluye: funciones de la atención; funciones de la memoria; funciones del pensamiento; funciones cognitivas superiores; funciones mentales del lenguaje.

- **Cálculo simple:** Función mental relacionada con computar números: sumar, restar, multiplicar y dividir.
- **Cálculo complejo:** Función mental que permite traducir los problemas formulados verbalmente en procedimientos aritméticos, traducir las fórmulas matemáticas en procedimientos aritméticos y realizar otras manipulaciones numéricas complejas.
- **Funciones de cálculo, otras especificadas.**
- **Funciones de cálculo, no especificadas.**

12. *Funciones mentales relacionadas con el encadenamiento de movimientos complejos.*

Funciones mentales específicas que enlazan y coordinan movimientos voluntarios complejos. Incluye: deficiencias tales como apraxia ideacional, ideomotora, vestirse, oculomotora y apraxia del vestir y del habla. Excluye: funciones psicomotoras; funciones cognitivas superiores; Funciones neuromusculo-esqueléticas y relacionadas con el movimiento.

13. *Experiencias del yo y funciones del tiempo*

Funciones mentales especificas relacionadas con la conciencia de la propia identidad, del propio cuerpo, de la posición de uno mismo en la realidad del propio ambiente y tiempo (Incluye: funciones de la experiencia del yo, de la imagen corporal y del tiempo).

- **Experiencias del yo:** Funciones mentales específicas de ser conscientes de nuestra propia identidad y de la posición de uno mismo en la realidad del ambiente a nuestro alrededor (Incluye deficiencias tales como despersonalización o desrealización).

- **Imagen corporal:** Funciones mentales específicas relacionadas con la representación y consciencia sobre nuestro propio cuerpo (Incluye: deficiencias, tales como miembros fantasmas o sentirse muy flaco o muy gordo).

- **Experiencia del tiempo:** Funciones mentales específicas de las experiencias subjetivas de la longitud y el paso del tiempo (Incluye: deficiencias, tales como *jamaisvu; déjàvu*).

- **Experiencias del yo y de las funciones del tiempo, otras especificadas.**

- **Experiencias del yo y de las funciones del tiempo, no especificadas.**

Funciones mentales específicas, otras especificadas y no especificadas.

Funciones mentales, otras especificadas.

Funciones mentales, no especificadas.

Guía de entrevista de ayuda y apoyo a personas con discapacidad.

...Una consideración de inicio:

La persona con discapacidad (como cualquier otra) tiene una serie de características personales, entre las que se encuentran las específicas de su discapacidad, que la hacen única. Por lo tanto, nuestra atención se dirigirá hacia su núcleo de persona y circunstancia, ya que la discapacidad no es una entidad aislada en las personas (que suele convertirse en estereotipo o característica negativamente individualizada), sino que debe expresarse como un adjetivo o atributo complejo, formado tanto por condiciones contextuales como personales, que conllevan la necesidad de compensación en su vida personal y social, así como de la comunidad y la responsabilidad de ésta, en la accesibilidad para la participación plena de la vida en sociedad.

...Y una primera sugerencia:

La entrevista deberá centrarse en las necesidades de la persona y sus circunstancias individuales y sociales, dentro de las cuales está la discapacidad y sus limitaciones de capacidades en la realización de funciones o actividades.

De acuerdo con Rogers (1961, 1972), para crear una relación auténtica de ayuda entre personas, en la persona referencial de la que parte la ayuda, se debe pretender:

- Autenticidad y transparencia, desde la que pueda vivir sus propios sentimientos.
- Cálida aceptación y valoración de la otra persona como individuo diferente.
- Capacidad o sensibilidad para ver a la otra persona y su mundo tal y como ella lo ve.

En una entrevista se podrá favorecer una relación positiva, cuando el entrevistador, procure el objetivo de ayudar a la persona a ser consciente de su situación y deseos, facilitándole así el proceso de cambio que sea necesario. Con probabilidad, la otra persona se sentirá integrada, con mejora en sus expectativas, mayor espontaneidad y expresividad, comprensión y aceptación de sus circunstancias, así como el enfrentamiento en sus problemas de la vida.

En cualquier tipo de entrevista, pero en particular, cuando la persona entrevistada tiene discapacidad intelectual o psíquica, se deberán tener algunas consideraciones (tabla 1), advirtiéndose que la entrevista tiene unos objetivos definidos, que se cuenta con su consentimiento y participación, todo ello desde el favorecimiento de la empatía, la aceptación de los tiempos y el estilo del entrevistado, y la libertad de elección y de decisiones.

Aspectos prácticos a considerar por el entrevistador o entrevistadora.
- Tener una actitud empática.
- No adelantarse al ritmo del participante.
- Procurar que el participante se sienta apoyado y no evaluado, ni etiquetado.
- Respetar sus creencias y escalas de valores.
- Darle libertad para escoger en todo momento, pedirle su consentimiento y solicitar su autorización para las preguntas que le estamos realizando.
- No considerar, si abandona el proyecto, como un fracaso en su tratamiento o intervención, sino como una parte normal del proceso de cambio. De todo se puede aprender.
- Respetar siempre todas sus decisiones, sin que se sienta penalizado por ello.
- Evitar argumentarle y discutir sobre la conveniencia o utilidad de un cambio, o de entrar o no en el programa.
- Apoyar en todo momento el sentimiento de autoestima y autoimagen de la persona.
- El aumento de la motivación favorece el deseo de cambio y mejoras.

De esa manera, se mantendrá una actitud en evitando aspectos como los recogidos en la tabla 2.

Aspectos a evitar por el entrevistador o entrevistadora.
- Etiquetar de antemano o anteponer prejuicios personales.
- Enfrentarnos al participante, teniendo una actitud de "expertos" y considerándole un paciente.
- Dar por sentado que tiene un problema.
- Demasiadas preguntas cortas y simples seguidas (ya que harán que se sienta interrogado).
- Dar soluciones ó respuestas rápidas (aunque pensemos que es con la mejor de las intenciones) que hagan sentir o asumir al entrevistado un rol pasivo.
- Focalizar excesivamente, por ejemplo: si el participante desea hablar de otros temas que le preocupan y que son más amplios.
- Culpabilizarlo o regañarle por querer abandonar el programa.

Como aspectos concretos o pautas a seguir podrían señalarse:

1. Iniciar la entrevista con actitud abierta, procurando evitar una relación de superioridad y dejando claro el objetivo de aceptación y apoyo. Por ejemplo:

Estas preguntas se hacen para tener información de su situación actual y anterior, y permitirnos así poder conocerle y ayudarle. Nos gustaría que estuviese tranquilo y sintiéndose acogido; desde luego sus respuestas serán absolutamente confidenciales y no serán reveladas sin su consentimiento.

¿Le parece que comencemos?

2. La mayor parte de las cuestiones son de tipo abierto, por lo tanto, se procurará expresarlas directamente y de forma ajustada. Las preguntas deben tener una intención motivadora más que indagadora. Por ejemplo:

Ha dicho usted que está separado ¿puede decirnos la razón?

¿Cómo se siente? ¿Qué le preocupa más? Nos ha comentado que está enfermo, ¿Qué le preocupa más de su enfermedad? ¿El dolor?, ¿No poder trabajar?, ¿Sus familiares?...

¿De qué manera ha sido esto importante para usted?, ¿Cómo se siente en su relación familiar?, ¿Qué tal con sus compañeros de trabajo?

3. Desde una actitud respetuosa y de una escucha reflexiva, se tratará de averiguar lo que intenta decirnos y devolvérselo con afirmaciones. Por ejemplo:

Usted ha estado hospitalizado por un trastorno nervioso y también parece saber su diagnóstico. Indíquenos los nombres de Hospitales, médicos, medicación,...

4. Acabar cada parte de la entrevista con algún mensaje positivo y a modo de resumen de lo tratado hasta ese momento. De esta manera se producen pausas propias de un discurso, dando una continuidad normal hacia el apartado siguiente. Por ejemplo:

¿Le han parecido acertadas estas preguntas? ¿Son correctas? Hasta aquí hemos hablado de…. Vamos a tratar de otro tema. ¿Qué le parece si hablamos de su vida académica y laboral?

5. En las cuestiones específicas sobre discapacidad, consideraremos, tanto en nuestra actitud como en nuestras expresiones, que la discapacidad no es un asunto derivado de un trastorno o enfermedad, sino que se debe por igual al contexto y a las limitaciones que de este se deriven. Así podrá decirse:

Nos ha comentado que no trabaja actualmente, ¿Cómo ve el mundo del trabajo? ¿Cree necesaria una nueva formación para tener un trabajo de nuevo? ¿Qué impedimentos tiene? ¿Cómo cree que ha influido su enfermedad o las dificultades, en su trabajo o en la pérdida de él? ¿En qué actividad cree usted que puede ocuparse bien?

Veamos en qué puede hacerlo, lea las cuestiones siguientes y trate de contestarlas.

…. Y una consideración final:

Cada participante es una persona única, con su propia historia personal, familiar y social, que tendrá necesidades específicas a las que responder de forma diferente y ajustada a sus características individuales.

Elementos para una estructura de entrevista de ayuda y apoyo a personas con discapacidad.

Estas preguntas se hacen para tener información de su situación actual y anterior, y permitirnos así poder conocerle y ayudarle. Nos gustaría que estuviese tranquilo y sintiéndose acogido; desde luego sus respuestas serán absolutamente confidenciales y no serán reveladas sin su consentimiento.

¿Le parece que comencemos?

Lugar y Fecha………………….

1. DATOS GENERALES Y REFERENCIALES.

Nombre y Apellidos:

Edad: Fecha de Nacimiento: …../………./…….

Dirección:

Teléfonos de contacto:

Rasgos físicos distintivos:

Usted está: Casado.   Soltero.   Separado.   Divorciado.   Viudo.

Díganos la edad y ocupación de su marido, mujer,…. ¿Tiene hijos?

Si está separado o divorciado ¿Cuál fue la razón?

¿Quiénes viven con usted? ¿Cómo son sus relaciones con ellos?

2. DATOS BIOGRÁFICOS DE SALUD.

¿Quién le remite o quien le aconsejó acudir?

¿Qué problemas o dificultades cree usted tener para venir a este lugar (Institución).

¿Está usted en tratamiento actualmente? ¿Ha buscado ayuda? ¿Ha estado usted hospitalizado alguna vez por trastornos nerviosos o mentales? ¿Sabe usted cual es su diagnóstico? *En su caso, indíquenos los nombres de Hospitales, médicos,...*

¿Está siendo medicado?
En su caso indíquenos la medicación.

¿Se somete usted al seguimiento médico oportuno?

¿Ha tenido algún accidente en el trabajo? *En su caso* ¿Cómo fue?

¿Necesita usted ayuda o algún tipo de apoyo en su vida diaria? ¿Y en su trabajo? ¿Tiene reconocida valoración de discapacidad?

3. ASPECTOS EDUCATIVOS Y DE FORMACIÓN.

Vamos a tratar de otro tema. ¿Qué le parece si hablamos de su vida académica y laboral?

Estudios.	Lugar.	Periodo de tiempo.	Nivel de rendimiento.
Primarios.			
Secundarios.			
Superiores.			
Universitarios.			
Postgrado.			

¿Cree usted que se ajustó bien a la situación escolar?:

Poco. ☐   Bastante. ☐   Mucho. ☐   Excelente. ☐

Díganos alguna situación significativa con relación a sus periodos escolares y que crea que haya podido incidir en su vida o dificultades actuales.

Recuerde qué intereses y entretenimientos tenía cuando era niño y adolescente.

¿Y actualmente?

Expresénos a continuación los trabajos y ocupaciones que ha tenido.

Fechas.	Ocupaciones.	Sueldos.	¿Le gustaba?	¿Desagrado?

Díganos, al menos últimamente, ¿faltaba a su trabajo con frecuencia?
- De una manera general en todos los trabajos.
- Lo normal en un trabajo agradable.

- Lo normal en un trabajo desagradable.

¿Cómo se ha llevado con sus compañeros☐ Mal ☐ Bien☐ Muy bien.
¿Qué le molesta más de sus compañeros?

¿Cómo se llevaba con sus superiores?
En su caso ¿Qué le molesta más de sus superiores?

¿Qué tipo de aprendizaje o formación ha sido relevante en sus habilidades ocupacionales? (Cursillos, en el trabajo, cursos de formación,…)

¿Cómo cree que ha influido su enfermedad o dificultades en su trabajo o en la pérdida de él?

¿Trabaja actualmente? ¿En qué? ¿Cómo ve el mundo del trabajo? ¿Cree necesaria una nueva formación para tener un trabajo de nuevo? ¿Qué impedimentos tiene?

Si procede. ¿Tiene valoración de discapacidad que le pueda limitar algún empleo?

¿Dispone de licencia de conducir? ¿Tiene vehículo propio?

Lea las cuestiones siguientes y trate de contestarlas.

Cuando pienso en lo que me gustaría trabajar.
- Tengo en cuenta si mi preparación es apta para ese trabajo y pido ayuda para que me orienten sobre qué debo hacer.
- Me planteo como conseguirlo pero no hago nada.
- Me desanimo porque creo que no podré conseguirlo.
- Me doy cuenta que no sirvo para trabajar.

Yo puedo trabajar como.

- Mozo/a de almacén.
- Camarero/a.
- Cajero/a.
- Ayudante/a de carpintero/a.
- Tendero/a.
- Ayudante/a de pastelería.
- Pinche de cocina.
- Ayudante/a de mecánico/a.
- Auxiliar de guardería.
- Auxiliar de oficina.
- Auxiliar de artes gráficas.
- Tareas de limpieza.
- Ayudante/a de jardinero/a
- Ayudante/a en una herrería.
- Pintor/a.
- Ayudante/a de biblioteca.
- Azafato/a.
- Ceramista.
- Ayudante/a fontanero/a.
- Monitor/a.
- Montador/a.
- Jefe/a de planta.
- Vendedor/a.
- Guarda jurado.
- Carpintero/a.
- Repartidor/a.
- Peón albañil.
- Telefonista.
- Secretario/a.
- Informático/a.
- Costurero/a.
- Ordenanza.
- Mensajero/a.
- Ordenanza.
- Ayudante.de peluquería.
- Ayudante de panadero/a.
- Otros:

Los motivos de la búsqueda de empleo son por:
- Razones económicas.
- Tener relaciones sociales.
- Adquirir independencia.
- Sentirme útil.
- No aburrirme.
- Exigencias familiares.

4. ASPECTOS AFECTIVO – CONDUCTUALES.

Describa algunos defectos que usted crea tener.

Señale alguna de sus características positivas.

Conteste a las siguientes cuestiones:

	1	2	3	4
Me siento triste y deprimido.				
Hago las cosas con la misma facilidad que antes.				
Tengo confianza o esperanza en el futuro.				
Encuentro fácil tomar decisiones.				
Me creo útil y necesario para la gente.				
Encuentro agradable vivir, mi vida es plena.				
Sólo el trabajo me dará la felicidad.				

Señale finalmente alguna cosa que usted crea que pueda servirnos para comprender mejor su problema y ayudarle.

REFERENCIAS BIBLIOGRÁFICAS.

Arnáiz Sánchez, P., &Guerrero Romera, C. (Eds.). (1999). *Discapacidad Psíquica Formación y Empleo.* Málaga: Ediciones Aljibe.

Asociación Americana de Retraso Mental (1999). *Retraso Mental. Definición, clasificación y sistemas de apoyo.* Madrid. Alianza Editorial (orig. 1997).

Asociación Americana sobre Retraso Mental (2004). *Retraso Mental: Definición, clasificación y sistemas de apoyo.* Madrid. Alianza. (Original: AAMR, 2002).

Baumeister, A. A. (2005). Mental retardation: Confusing sentiment with science. In H. Switzky and S. Greenspan (Eds.), *What is mental retardation? Ideas for an evolving disability in the 21st century* (pp. 95–126). Washington, DC: American Associationon Mental Retardation.

Beltrán Llera, J. A.,& Pérez Sánchez, L. (2011). Más de un siglo de psicología educativa. Valoración general y perspectivas de futuro. *Papeles del Psicólogo: Revista del Colegio Oficial de Psicólogos, 32*(3), 204-231.

Candell, I. (1999) (Coord.) Programa de atención temprana: Intervención en niños con Síndrome de Down y otros problemas de desarrollo. Madrid. Cepe.

Candell, I. (2005). Elaboración de un programa de atención temprana. *Electronic Journal of Research in Educational Psychology, 3*(7), 151-192.

Candell, I. (2015). Intervención en Atención Temprana. Máster de Atención Temprana. Universidad de Málaga.

Coll, C., Palacios, J., & Marchesi, A. (1991). *Desarrollo psicológico y Educación, II. Psicología de la Educación.* Madrid. Alianza.

Fodor, J. (1986). *La modularidad de la mente.* Madrid: Morata.

Fodor, J. (2003). *La mente no funciona así.* Madrid: Siglo XX.

García García, E. (1997). Inteligencia y metaconducta. *Revista de Psicología General y Aplicada, 50* (3), 297 – 312.

García García, E. (2001). *Mente y cerebro.* Madrid: Síntesis.

García García, E., & Carpintero, H. (2002). La modularidad de la mente. Aproximación multidisciplinar. *Revista de Psicología General y Aplicada. 53* (4), 609-631

Gardner, H. (1992). *Estructuras de la mente.* México: FCE.

Gardner, H. (1995). *Inteligencias múltiples. La teoría en la práctica.* Barcelona: Paidós.

Gardner, H. (1997). *La mente no escolarizada.* Barcelona: Paidós

Gardner, H. (2000). *La educación de la mente y el conocimiento de las disciplinas.* Barcelona: Paidós

Gardner, H. (2001). *La inteligencia reformulada.* Barcelona: Paidós

Gardner H. (2002). Inteligencias Múltiples. *Investigación y Ciencia.*

Gazzaniga, M. (1993). *El cerebro social.* Madrid: Alianza.

Gazzaniga, M. (2000). *The Cognitive Neurosciences.* Cambridge, MA: MIT Press.

Greenspan, S.,& Love, P. F. (1997). Social intelligence and developmental disorder: Mental retardation, learning disabilities, and autism. *Ellis' handbook of mental deficiency, psychological theory and research, 3,* 311-342.

Greenspan, S., Switzky, H. N., &Granfield, J. M. (1996). Everyday intelligence and adaptativebehaviour: A theoretical framework. En J. W. Jakobson y J. A. Mulick (Eds.), *Manual of diagnosis and professional practice in mental retardation* (pp. 127-135). Boston. Addison-Wesley.

Grossman, H. J. (Ed.). (1973). *Manual on terminology and classification in mentalretardation*. Washington, DC: American Association on Mental Retardation.

Grossman, H. J. (Ed.). (1977). *Manual on terminology and classification in mentalretardation*. Washington, DC: American Association on Mental Retardation.

Grossman, H. J. (Ed.). (1983). *Classification in mental retardation*. Washington, DC: American Association on Mental Retardation.

Hagen, J. W., Barclay, C. G.,& Schewethelm, B. (1984). El desarrollo cognitivo del niño con problemas de aprendizaje. *Investigación en el retraso mental. Panorama internacional, 3*.

Heber, R. (1959). A manual onterminology and classification in mental retardation. *American Journal of Mental Deficiency, 64* (Monograph Supplement).

Heber, R. (1961). A manual on terminology and classification in mental retardation(2nd ed.). *American Journal of Mental Deficiency* (Monograph Supplement).

Internet en el aula. Departamento de Educación del Gobierno de Navarra. Guía de recursos para personas con discapacidad de la Comunidad de Navarra. En: http://recursostic.educacion.es/aeduc/aprender/web/glosario.html

Jerison, H. J. (1982). Allometry, brain size, cortical surface, and convolutedness. In *Primate brain evolution* (pp. 77-84). Springer US.

Junta de Andalucía. (2008).*Manuales de Atención al Alumnado con Necesidades Específicas de Apoyo Educativo*. Consejería de Educación: Tecnographc. S.L

Kaufman, A.S. (1982). *Psicometría razonada con el WISC- R*. México. El Manual moderno.

Kaufman, A. S.,& Kaufman, N. L. (2004). *Kaufman brief intelligence test*. John Wiley & Sons, Inc.

Kail, R. (1992). General slowing of information-processing by persons with mental retardation. *American Journal on Mental Retardation, 3*, 333-341.

Kail, R. (2000). Speed of information processing: Developmental change and links to intelligence. *Journal of School Psychology, 38(1)*, 51-61.

Lichtenberger, E. O., & Kaufman, A. S. (2004). *Essentials of WPPSI-III Assessment*. John Wiley&Sons Inc.

López, J. P. (2004). Modelos explicativos del desarrollo aplicados a la atención temprana. En J. PérezLópez& A. G. Brito de la Nuez (Coordinadores). *Manual de atención temprana*. (pp. 27-44). Madrid: Ediciones Pirámide.

López-Villalobos, J. A. (2008). Factor de independencia a la distracción en el trastorno por déficit de atención con hiperactividad: Un modelo abreviado. *Psicothema, 20(4)*, 718-723.

Luque Parra, D.J. (2006). *Orientación educativa e intervención psicopedagógica en el alumnado con discapacidad*. Málaga: Ediciones Aljibe.

Luque, D. J. (2007). *Dificultades de aprendizaje y capacidad intelectual límite. Curso de Formación del Profesorado.* Guadix. Consejería de Educación Junta de Andalucía.

Luque, D. J. (2007). Discapacidad intelectual ligera: Elementos para su valoración educativa. *I Congreso Internacional de Orientación Educativa en Andalucía.* Granada.

Luque, D. J. (2008). Valores y necesidades educativas especiales: Elementos para un estudio psicoeducativo. *INFAD. International Journal of Developmental and Educational Psychology, 1,* 125-136.

Luque, D. J. (2009). Las necesidades educativas especiales como necesidades básicas. Una reflexión sobre la inclusión educativa. *Revista Latinoamericana de Estudios Educativos, 39(3),*201-224.

Luque, D. J. (2011). Consideraciones psicológicas en la valoración educativa de la discapacidad intelectual. *Revista RUEDES de la Red Universitaria de Educación Especial, 1,* 97-108. URL: http://bdigital.uncu.edu.ar/fichas.php?idobjeto=3597. Consultado 13/02/14

Luque, D. J., Elósegui, E., &Casquero, M. D. (2011). Comparación del WISC-R con WISC-IV: Estudio piloto en una muestra de niños con dificultades de aprendizaje. *VI Congreso Internacional de Psicología y Educación. III Congreso Nacional de Psicología de la Educación.* Valladolid.

Luque, D. J., & Rodríguez, G. (2006). *Dificultades en el Aprendizaje: Unificación de Criterios diagnósticos (III). Criterios de intervención pedagógica.* Sevilla. Consejería de Educación Junta de Andalucía.

Luque, D. J., & Romero, J. F. (2000). Estudio empírico de una población epiléptica escolarizada. *Revista Psicología Educativa, 6(2),* 169-203.

Luque-Rojas, M. J., & Luque, D. J. (2013). Tic y respuesta educativa en el alumnado con capacidad intelectual límite. *3º Congreso Internacional sobre Buenas Prácticas con TIC.* Málaga. Universidad de Málaga.

Luque, D. J., & Luque-Rojas, M. J. (2013). Necesidades específicas de apoyo educativo del alumnado con discapacidades sensorial y motora. *Revista SUMMA PsicológicaUST, 10(2),* 57-72.

Luque, D. J., & Luque-Rojas, M. J. (2015). Alumnado con necesidades específicas de apoyo educativo: Aspectos psicopedagógicos en un marco inclusivo. *Revista Perspectiva Educacional, 54, 2.*

Luckasson, R., Coulter, D. L., Polloway, E. A., Reiss, S., Schalock, R. L., Snell, M. E., et al. (1992). *Mental retardation: Definition, classification, and systems of supports (9th Ed.).* Washington, DC: American Association on Mental Retardation.

Luckasson, R., Borthwick-Duffy, S., Buntix, W. H. E., Coulter, D. L., Craig, E. M., Reeve, A., et al. (2002). *Mental retardation: Definition, classification, and systems of supports (10th Ed.).* Washington, DC: American Associationon Mental Retardation.

MEC y Real Patronato sobre Discapacidad. (2007). Libro blanco sobre discapacidad y Universidad. Madrid: Real Patronato sobre Discapacidad, con la colaboración del Ministerio de Educación y Ciencia, la Fundación Vodafone, ANECA y el CERMI.

McCall, R. B. (1981). Nature-nurture and the two realms of development: A proposed integration with respect to mental development. *ChildDevelopment*, 1-12.

Muñoz, J., & Martínez, L. (2008). La Escala de Inteligencia de Wechsler para Niños (WISC-IV) en un grupo de discapacitados intelectuales. *Psicología Educativa, 14(1)*, 29-46.

Muñoz-Sánchez, A. M. y Portillo, R. (2006). *Evaluación psicopedagógica de la discapacidad intelectual ligera y del retraso límite: Elementos y modos de evaluación.* Málaga. Universidad de Málaga.

Navas, P., Verdugo, M. A., & Gómez, L. E. (2008). Diagnóstico y clasificación en discapacidad intelectual. *Intervención Psicosocial, 17(2)*, 143-152.

Novell Alsina, R., Rueda Quitllet, P., Salvador Carulla, L., & Forgas Farre, E. (2015). Salud mental y alteraciones de la conducta en las personas con discapacidad intelectual: Guía práctica para técnicos y cuidadores. Madrid. FEAPS.

OMS (1983). *Clasificación Internacional de la Deficiencia, Discapacidad y Minusvalía.* Ginebra. Organización Mundial de la Salud.

O.M.S. (1992). *International Clasification of Diseases. ICD-10.* Ginebra. Organización Mundial de la Salud.

OMS (2001). *Clasificación Internacional del Funcionamiento, la Discapacidad y la Salud.* Ginebra. Organización Mundial de la Salud.

Palacios, J. (1990). Psicología evolutiva: concepto, enfoques, controversias y métodos. En C. Coll Salvador, A. MarchesiUllastres&J. Palacios (Comp.). *Desarrollo psicológico y educación* (pp. 23-80). Madrid: Alianza editorial.

Rodríguez Aguilella, A., Verdugo Alonso, M. Á., & Sánchez Gómez, M. (2015). Calidad de vida familiar y apoyos para los progenitores de personas con discapacidad intelectual en proceso de envejecimiento. *Siglo Cero. Revista Española sobre Discapacidad Intelectual Vol 39 (3), Núm. 227,* 2008. 19-34

Sameroff, A. J.,&Fiese, B. H. (2000). Transactional regulation: The developmental ecology of early intervention. *Handbook of early childhood intervention, 2*, 135-159.

Scarr, S., & Carter-Saltzman, L. (1982). Genetics and intelligence. *Handbook of human intelligence, 2*, 792-896.

Schalock, R. L., Luckasson, R. A., &Shogren, K. A. (2007). The Renaming of Mental Retardation: Understanding the Change to the Term Intellectual Disability. *Intellectual and Developmental Disabilities, 45(2),* 116–124. American Association on Intellectual and Developmental Disabilities.

Serna Varela, M., & Vallés Herrero, J. (2010). *Compendio conceptual de Educación Social.* Madrid: Ediciones Pirámide.

Simeonsson, R. J., Granlund, M., &Bjorck-Akesson, E. (2005). The concept and classification of mental retardation. In H. Switzky and S. Greenspan (Eds.), *What is mental retardation? Ideas for an evolving disability in the 21st century* (pp. 247–266). Washington, DC: American Association on Mental Retardation.

Snyderman, M.,& Rothman, S. (1988). *The IQ controversy, the media and public policy.* Transaction Publishers.

Sternberg, R. J. (1988). *The triarchic mind: A new theory of human intelligence.* Nueva York. Penguin.

Sternberg, R. J., Conway, B. E., Ketron, J. L.,& Bernstein, M. (1981). People's conceptions of intelligence. *Journal of personality and social psychology, 41*(1), 37.

Sternberg, R. J.,& Berg, C. A. (1986). Quantitative integration: Definitions of intelligence: A comparison of the 1921 and 1986 symposia. *What is intelligence*, 155-162.

Sternberg, R. J., &Detterman, D. K. (Eds.) (1986). *What is intelligence? Contemporary viewpoints on its nature and definition.* Norwood, NJ: Ablex.

Sternberg, R. J., & Powel, J. S. (1987). Comprehending verbal comprehension. *American Psychologist, 38,* 878 – 893.

Switzky, H. N.,& Greenspan, S. (2005). *What is mental retardation? Ideas for an evolving disability in the 21st century.* Washington, DC. American Association on Mental Retardation.

Thompson, J. E., &Wehmeyer, M. L. (2008). Historical and legal issues in developmental disabilities. En H. P. Parette& G. R. Peterson- Karlan (Eds.), *Research based practices in developmental disabilities* (2nd ed., pp. 13– 42). Austin, TX: ProEd.

Tredgold, A. F. (1908). A textbook of mental deficiency. *Baltimore: Williams and Wilkins.*

Veláz de Medrano, C. (1998). *Intervención educativa y orientadora para la inclusión social de menores en riesgo. Factores escolares y socioculturales.* Madrid: UNED.

Verdugo, M. A. (1999). Avances conceptuales y del futuro inmediato: Revisión de la definición de 1992 de la AAMR. *Siglo Cero, 30(5),* 27-32.

Verdugo, M. A.,& Canal R. (1996). Evaluación de las personas con retraso mental. En G. BuelaCasal, V. E. Caballo y J. C. Sierra (Eds.) *Manual de evaluación en Psicología Clínica y de la Salud.* Madrid. Siglo XXI.

Wechsler, D. (1993), *Escala de Inteligencia de Wechsler para Niños- Revisada.* Madrid. TEA Ediciones.

Wechsler, D. (2003). *Wechsler Intelligence Scale for Children-Fourth Edition: Technical and interpretative manual.* San Antonio Texas. Psychological Corporation.

Wechsler, D. (2003). *Wechsler Intelligence Scale for Children-Fourth Edition.*San Antonio Texas. PsychologicalCorporation.

Wechsler, D. (2005). *Escala de Inteligencia de Wechsler para Niños-IV.* Madrid. Tea Ediciones.

Wechsler, D. (2005). *Manual de aplicación e interpretación del WISC-IV.*Madrid. TEA Ediciones.

Wehmeyer, M. L.; Buntinx, W. H. E.; Lachapelle, Y.; Luckasson, R. A.; Schalock, R. L., & Verdugo, M. A. (2008). The Intellectual Disability Construct and Its Relation to Human Functioning. *Intellectual and Developmental Disabilities.* Vol. 46 (4), 311–318. American Association on Intellectual and Developmental Disabilities.

Zhu, J.,& Weiss, L. (2005). The Wechsler Scales. The Wechsler Scales. En P. Flanagan Dawn & L. Harrison Patti (Ed), *Contemporary Intellectual*

Assessment: Theories, Tests, and Issues. (pp. 297-324). New York, NY, US: GuilfordPress.

www.ingramcontent.com/pod-product-compliance
Lightning Source LLC
Chambersburg PA
CBHW080510110426
42742CB00017B/3061